www.gedichte-fuer-alle-faelle.de

Den Mond
wollt' ich dir schenken

–

Poetische Präsente

Ausgewählt und aufbereitet von
Hans–Peter Kraus und Werner Schmitt

© 2015 Hans–Peter Kraus und Werner Schmitt
Illustrationen: Petra Gellinger

Herstellung und Verlag:
BoD - Books on Demand, Norderstedt
ISBN 978-3-7386-5968-9

Inhaltsverzeichnis

Titelgedicht 7

„Es muss doch Frühling werden" –
Ein Jahr in Gedichten 9

„Ich ruh' in dir" –
Liebe und Freundschaft 47

„Die Waage gleicht der großen Welt" –
Kluge Sprüche 73

„Immer rascher fliegt der Funke" –
Gedichte über das Leben 89

„Ein Seufzer lief Schlittschuh auf nächtlichem Eis" –
Lustig bis zum Schluss 117

Verzeichnis der Gedichttitel und -anfänge 143
Die Dichter und Übersetzer 150
Gedichteverzeichnis 159

Den großen, dicken Mond
Wollt ich dir schenken
Doch dann kam ich
Ins Grübeln und ans Denken
Der Mond wär viel zu groß
Für deine Wohnung
Also gab ich ihm
Noch ein wenig Schonung

Dann dachte ich
Nehm ich das Meer
Mit schöner, weiter Sicht
Nur wär auch das nicht fair
Es passt in deinen Garten nicht

Dann musste ich
An die Berge denken
Die waren sicher
Noch zu verschenken
Aber als ich sah
Was die Transporte kosten
War auch die Idee
Schnell am Verrosten

Drum schenk ich dir dieses Buch
Als eine Kleinigkeit
Für all die großen Dinge
Ist ja noch reichlich Zeit

„Es muss doch Frühling werden"

–

Ein Jahr in Gedichten

Peter Rosegger
Wünsche zum neuen Jahr

Ein bisschen mehr Friede und weniger Streit.
Ein bisschen mehr Güte und weniger Neid.
Ein bisschen mehr Liebe und weniger Hass.
Ein bisschen mehr Wahrheit – das wäre was.

Statt so viel Unrast ein bisschen mehr Ruh.
Statt immer nur Ich ein bisschen mehr Du.
Statt Angst und Hemmung ein bisschen mehr Mut.
Und Kraft zum Handeln – das wäre gut.

In Trübsal und Dunkel ein bisschen mehr Licht.
Kein quälend Verlangen, ein bisschen Verzicht.
Und viel mehr Blumen, solange es geht.
Nicht erst an Gräbern – da blühn sie zu spät.

Ziel sei der Friede des Herzens.
Besseres weiß ich nicht.

Wilhelm Busch
Zu Neujahr

Will das Glück nach seinem Sinn
Dir was Gutes schenken,
Sage Dank und nimm es hin
Ohne viel Bedenken.

Jede Gabe sei begrüßt,
Doch vor allen Dingen:
Das, worum du dich bemühst,
Möge dir gelingen.

Ein Jahr in Gedichten

Joachim Ringelnatz
Lebhafte Winterstraße

Es gehen Menschen vor mir hin
Und gehen mir vorbei, und keiner
Davon ist so, wie ich es bin.
Es blickt ein jedes so nach seiner
Gegebenen Art in seine Welt.

Wer hat die Menschen so entstellt??

Ich sehe sie getrieben treiben.
Warum sie wohl nie stehenbleiben,
Zu sehen, was nach ihnen sieht?
Warum der Mensch vorm Menschen flieht?

Und eine weiße Weite Schnee
Verdreckt sich unter ihren Füßen.
So viele Menschen. Mir ist weh:
Keinen von ihnen darf ich grüßen.

Nikolaus Lenau
Winternacht

Vor Kälte ist die Luft erstarrt,
Es kracht der Schnee von meinen Tritten,
Es dampft mein Hauch, es klirrt mein Bart;
Nur fort, nur immer fortgeschritten!

Wie feierlich die Gegend schweigt!
Der Mond bescheint die alten Fichten,
Die, sehnsuchtsvoll zum Tod geneigt,
Den Zweig zurück zur Erde richten.

Frost! friere mir ins Herz hinein,
Tief in das heißbewegte, wilde!
Dass einmal Ruh mag drinnen sein,
Wie hier im nächtlichen Gefilde!

Hans Aßmann von Abschatz

In vollem Saus und Schwarm acht Tage närrisch sein,
Heißt sich zur Fasten-Zeit vernünftig richten ein.

Joachim Ringelnatz
Immer wieder Fasching

Wenn der Fasching kommt, wird viel verboten.
Aber manches wird auch andrerseits erlaubt.
Dann wird nicht nur Dienstboten,
Nein auch Fürstenhäusern entstammten
Damen oder Frauen von Beamten
Die Unschuld geraubt.

Jeder lässt was springen.
Viel ist los.
Und vor allen Dingen
Beine und Popos.

Wenn sich Masken noch einmal verhüllen
Mit Phantastik, Seide, Samt und Tüllen,
Zeigt sich sehr viel Fleisch und sehr viel Schoß.
Dass wir, eh' wir heimwärtsschwanken,
Unsern steifen Hut zerknüllen
Im Gedanken:
Hätten wir die Hälfte bloß!

Also brechen wir auf!
Ach nein, bleiben wir noch,
Bis an ein Loch.
Schließlich löst sich alles doch
In Papier auf.

Man vertrollt sich lärmlich,
Wendet sich erbärmlich,
Jedermann ein abgesetzter Held.

Draußen Sturm. Es hetzen
Über Dächer kalte Wolkenfetzen
Unterm Mond. Wir setzen
Uns ins Auto, fröstelnd vor dem letzten Geld.

Emanuel Geibel
Hoffnung

Und dräut der Winter noch so sehr
Mit trotzigen Gebärden,
Und streut er Eis und Schnee umher,
Es muss *doch* Frühling werden.

Und drängen die Nebel noch so dicht
Sich vor den Blick der Sonne,
Sie wecket doch mit ihrem Licht
Einmal die Welt zur Wonne.

Blast nur, ihr Stürme, blast mit Macht,
Mir soll darob nicht bangen,
Auf leisen Sohlen über Nacht
Kommt doch der Lenz gegangen.

Da wacht die Erde grünend auf,
Weiß nicht, wie ihr geschehen,
Und lacht in den sonnigen Himmel hinauf
Und möchte vor Lust vergehen.

Sie flicht sich blühende Kränze ins Haar
Und schmückt sich mit Rosen und Ähren
Und lässt die Brünnlein rieseln klar,
Als wären es Freudenzähren.

Drum still! Und wie es frieren mag,
O Herz, gib dich zufrieden;
Es ist ein großer Maientag
Der ganzen Welt beschieden.

Und wenn dir oft auch bangt und graut,
Als sei die Höll' auf Erden,
Nur unverzagt auf Gott vertraut!
Es muss *doch* Frühling werden.

Erich Mühsam
Wollte nicht der Frühling kommen

Wollte nicht der Frühling kommen?
War nicht schon die weiße Decke
von dem Rasenplatz genommen
gegenüber an der Ecke?
Nebenan die schwarze Linde
ließ sogar schon (sollt ich denken)
von besonntem Märzenwinde
kleine, grüne Knospen schwenken.
In die Herzen kam ein Hoffen,
in die Augen kam ein Flüstern -
und man ließ den Mantel offen,
und man blähte weit die Nüstern ...

Ja, es waren schöne Tage.
Doch sie haben uns betrogen.
Frost und Sturm und Schnupfenplage
sind schon wieder eingezogen.
Zugeknöpft bis an den Kiefer
flieht der Mensch die Gottesfluren,
wo ein gelblichweißer, tiefer
Schnee versteckt die Frühlingsspuren.
Sturmwind pfeift um nackte Zweige,
und der Rasenplatz ist schlammig.
In mein Los ergeben neige
ich das Auge. Gottverdammich!

Ludwig Uhland
Frühlingsglaube

Die linden Lüfte sind erwacht,
Sie säuseln und wehen Tag und Nacht,
Sie schaffen an allen Enden.
O frischer Duft, o neuer Klang!
Nun, armes Herze, sei nicht bang!
Nun muss sich alles, alles wenden.

Die Welt wird schöner mit jedem Tag,
Man weiß nicht, was noch werden mag,
Das Blühen will nicht enden.
Es blüht das fernste, tiefste Tal:
Nun armes Herz, vergiss der Qual!
Nun muss sich alles, alles wenden.

Georg Trakl
Im Frühling

Leise sank von dunklen Schritten der Schnee,
Im Schatten des Baums
Heben die rosigen Lider Liebende.

Immer folgt den dunklen Rufen der Schiffer
Stern und Nacht;
Und die Ruder schlagen leise im Takt.

Balde an verfallener Mauer blühen
Die Veilchen,
Ergrünt so stille die Schläfe des Einsamen.

Kurt Tucholsky
Karfreitag

Dies ist ein ernster Tag der Buße,
des Rückwärtsschauns, der Runzelstirn;
ich überdenke mir in Muße
die letzte Zeit in meinem Hirn.

Was war denn da? Vielleicht ein Sündenbabel?
Ein Teufelsdienst? Ein Satanskult?
Ein Hass, wie Kain einst Abel
den Bauch zersägt in himmlischer Geduld?

Ein Mord? Ein Diebstahl? Eine Lügenzunge?
Ein Feuerbrand–? Ach, gar nichts solcherlei.
Er war so brav, der gute dicke Junge,
und nur ein helles Mädchen war dabei.

Wir haben leider keine Kirchenglocken.
Und ohne sichtbar-güldenen Heiligenschein
Läut ich mir froh in blonden Locken
Mein ganz privates Ostern ein! –

Johann Wolfgang von Goethe

Vom Eise befreit sind Strom und Bäche
Durch des Frühlings holden, belebenden Blick;
Im Tale grünet Hoffnungsglück;
Der alte Winter, in seiner Schwäche,
Zog sich in raue Berge zurück.

Von dorther sendet er, fliehend, nur
Ohnmächtige Schauer körnigen Eises
In Streifen über die grünende Flor;
Aber die Sonne duldet kein Weißes:
Überall regt sich Bildung und Streben,
Alles will sie mit Farben beleben;
Doch an Blumen fehlt's im Revier,
Sie nimmt geputzte Menschen dafür.
Kehre dich um, von diesen Höhen
Nach der Stadt zurückzusehen.
Aus dem hohlen finstern Tor
Dringt ein buntes Gewimmel hervor.
Jeder sonnt sich heute so gern.
Sie feiern die Auferstehung des Herrn,
Denn sie sind selber auferstanden
Aus niedriger Häuser dumpfen Gemächern,
Aus Handwerks– und Gewerbesbanden,
Aus dem Druck von Giebeln und Dächern,
Aus der Straßen quetschender Enge,
Aus der Kirchen ehrwürdiger Nacht
Sind sie alle ans Licht gebracht.
Sieh nur, sieh! wie behänd sich die Menge
Durch die Gärten und Felder zerschlägt,
Wie der Fluss, in Breit' und Länge,
So manchen lustigen Nachen bewegt,
Und bis zum Sinken überladen
Entfernt sich dieser letzte Kahn.
Selbst von des Berges fernen Pfaden
Blinken uns farbige Kleider an.
Ich höre schon des Dorfs Getümmel,
Hier ist des Volkes wahrer Himmel,
Zufrieden jauchzet groß und klein.
Hier bin ich Mensch, hier darf ich's sein!

(*aus: Faust I, Vor dem Tor*)

Ein Jahr in Gedichten

Otto Julius Bierbaum
Osterpredigt in Reimen

Verehrter Mitmensch, höre und vernimm
Freundwillig mit Hulden und ohne Grimm:
Dieweil es nun Ostern geworden ist,
Sollst du, von welcher Art du auch bist,
Ob Heide, Jude, Moslem, Christ,
Durchaus vergnügt im Herzen sein,
Osterwürdig und osterrein.

Mit einem Birkenreise kehre
Aus deiner Seele den Geist der Schwere!
Der Wenns und Abers und Achs und Os,
Die hart und starr dein Herz umwindet,
Dass der Geist der Leichte kaum Eingang findet,
Mache dich hurtig und heiter los!

Du brauchst nichts weiter dazuzutun,
Als dich im Grünen auszuruhn.
Da atmet sichs sehr wonnig ein,
Was dir das Herz macht frei und rein:
Der jungen Blumen frischer Hauch;
Und die Augen haben der Wonne auch,
Denn nichts ist lieblicher anzusehn,
Als wie sie da hold beisammenstehn,
Blau, weiß und rosa, klar und licht,
Der Erde süßestes Ostergedicht.

An ihnen dir ein Beispiel zu nehmen,
Sollst du, ach Mensch, dich keineswegs schämen!

Vergiss dein Gehirn eine Weile und sei
Gedankenlos dem lieben Leben
Blumeninnig hingegeben;
Vergiss dein Begehren, vergiss dein Streben
Und sei in seliger Einfalt frei
Des Zwangs, der dich durchs Hirn regiert!

Er hat dich freilich hoch geführt
Und vieles dir zu wissen gegeben,
Aber das allertiefste Leben
Wird nicht gewusst, wird nur gespürt.
Der Blumen zarte Wurzeln fühlen
Im keimlebendigen, frühlingskühlen
Erdboden mehr von ihm als du.
Und bist doch auch ein Kind der Erde.
Dass sie nicht sinnenfremd dir werde,
Wende ihr heut die Sinne zu!

Das ist der festlich tiefe Sinn
Der Ostertage: Mit Entzücken
Sollst du zum Mutterschoß dich bücken.
Gib heut, o Mensch, dich innerst zu beglücken,
Der Mutter Erde frühlingsfromm dich hin!

Eduard Mörike
Auf ein Ei geschrieben

Ostern ist zwar schon vorbei,
Also dies kein Osterei;
Doch wer sagt, es sei kein Segen,
Wenn im Mai die Hasen legen?
Aus der Pfanne, aus dem Schmalz
Schmeckt ein Eilein jedenfalls,
Und kurzum, mich tät's gaudieren,
Dir dies Ei zu präsentieren,
Und zugleich tät es mich kitzeln,
Dir ein Rätsel drauf zu kritzeln.

Die Sophisten und die Pfaffen
Stritten sich mit viel Geschrei:
Was hat Gott zuerst erschaffen,
Wohl die Henne? wohl das Ei?

Wäre das so schwer zu lösen?
Erstlich ward ein Ei erdacht:
Doch weil noch kein Huhn gewesen,
Schatz, so hat's der Has gebracht.

Emanuel Geibel
Frohe Botschaft

Nach langem, bangem Winterschweigen
Willkommen, heller Frühlingsklang!
Nun rührt der Saft sich in den Zweigen,
Und in der Seele der Gesang.
Es wandelt unter Blütenbäumen
Die Hoffnung übers grüne Feld;
Ein wundersames Zukunftsträumen
Fließt wie ein Segen durch die Welt.

So wirf denn ab, was mit Beschwerden,
O Seele, dich gefesselt hielt!
Du sollst noch wie der Vogel werden,
Der mit der Schwing' im Blauen spielt.
Der aus den kahlen Dornenhecken
Die roten Rosen blühend schafft,
Er kann und will auch dich erwecken
Aus tiefem Leid zu junger Kraft.

Und sind noch dunkel deine Pfade,
Und drückt dich schwer die eigne Schuld:
O glaube, größer ist die Gnade,
Und unergründlich ist die Huld.
Lass nur zu deines Herzens Toren
Der Pfingsten vollen Segen ein,
Getrost, und du wirst neugeboren
Aus Geist und Feuerflammen sein.

Theodor Fontane
Guter Rat

An einem Sommermorgen
Da nimm den Wanderstab,
Es fallen deine Sorgen
Wie Nebel von dir ab.

Des Himmels heitere Bläue
Lacht dir ins Herz hinein,
Und schließt, wie Gottes Treue,
Mit seinem Dach dich ein.

Rings Blüten nur und Triebe
Und Halme von Segen schwer,
Dir ist, als zöge die Liebe
Des Weges nebenher.

So heimisch alles klinget
Als wie im Vaterhaus,
Und über die Lerchen schwinget
Die Seele sich hinaus.

Hermann Allmers
Feldeinsamkeit

Ich ruhe still im hohen, grünen Gras
und sende lange meinen Blick nach oben,
von Grillen rings umschwirrt ohn Unterlass,
von Himmelsbläue wundersam umwoben.

Und schöne weiße Wolken ziehn dahin
durchs tiefe Blau, wie schöne stille Träume; –
mir ist, als ob ich längst gestorben bin,
und ziehe selig mit durch ew'ge Räume.

Karl Henckell
Gewitter

Es wetterleuchtet durch die Nacht,
Die Donner, sie rollen von ferne,
Die Wolken stürmen zur wilden Schlacht,
Und ängstlich verlöschen die Sterne.
Es jagt und wettert und kracht und braust,
Wie wenn in Lüften der Böse haust -
Was schmiegst du dich an mich mit Zittern?
He, holla! Mich freut das Gewittern.

Kennst du das Leben, mein liebes Kind?
Ach nein, du tändelst in Träumen.
Oft stürmt durch das Leben der Wirbelwind
Und reißt an den knorrigsten Bäumen.
Unter Donner und Blitzen, in stürmischer Nacht
Schlägt der Mensch mit dem Schicksal die lustige Schlacht.
Was schmiegst du dich an mich mit Zittern?
He, holla! Mich freut das Gewittern.

Wie brannte die Sonne so heiß und so dumpf!
Die Bäume, sie rangen nach Odem;
Nun flutet es feucht, und der dürrste Stumpf
Saugt ein den köstlichen Brodem.
Wenn träge die Sonne das Leben verbrennt,
Willkommen dann, schlagendes Element!
Lass ab von Zagen und Zittern,
He, holla! Mich freut das Gewittern.

Emanuel Geibel
Mittagszauber

Im Garten wandelt hohe Mittagszeit,
Der Rasen glänzt, die Wipfel schatten breit;
Von oben sieht, getaucht in Sonnenschein
Und leuchtend Blau, der alte Dom herein.

Am Birnbaum sitzt mein Töchterchen im Gras;
Die Märchen liest sie, die als Kind ich las;
Ihr Antlitz glüht, es ziehn durch ihren Sinn
Schneewittchen, Däumling, Schlangenkönigin.

Kein Laut von außen stört; 's ist Feiertag –
Nur dann und wann vom Turm ein Glockenschlag!
Nur dann und wann der mattgedämpfte Schall
Im hohen Gras von eines Apfels Fall!

Da kommt auf mich ein Dämmern wunderbar;
Gleichwie im Traum verschmilzt, was ist und war:
Die Seele löst sich und verliert sich weit
Ins Märchenreich der eignen Kinderzeit.

Joseph von Eichendorff
Mondnacht

Es war, als hätt der Himmel
die Erde still geküsst,
dass sie im Blütenschimmer
von ihm nun träumen müsst.

Die Luft ging durch die Felder,
die Ähren wogten sacht,
es rauschten leis die Wälder,
so sternklar war die Nacht.

Und meine Seele spannte
weit ihre Flügel aus,
flog durch die stillen Lande,
als flöge sie nach Haus.

Ernst Stadler
Sommer

Mein Herz steht bis zum Hals in gelbem Erntelicht
wie unter Sommerhimmeln schnittbereites Land.
Bald läutet durch die Ebenen Sichelsang: mein Blut
lauscht tief mit Glück gesättigt in den Mittagsbrand.
Kornkammern meines Lebens, lang verödet,
alle eure Tore sollen nun wie Schleusenflügel offen stehn,
Über euern Grund wird wie Meer die goldne Flut der
                                          Garben gehn.

Friedrich Hebbel
Sommerbild

Ich sah des Sommers letzte Rose stehn,
Sie war, als ob sie bluten könne, rot;
Da sprach ich schaudernd im Vorübergehn:
So weit im Leben ist zu nah am Tod!

Es regte sich kein Hauch am heißen Tag,
Nur leise strich ein weißer Schmetterling;
Doch ob auch kaum die Luft sein Flügelschlag
Bewegte, sie empfand es und verging.

Eduard Mörike
Septembermorgen

Im Nebel ruhet noch die Welt,
Noch träumen Wald und Wiesen:
Bald siehst du, wenn der Schleier fällt,
Den blauen Himmel unverstellt,
Herbstkräftig die gedämpfte Welt
In warmem Golde fließen.

Friedrich Hebbel
Herbstbild

Dies ist ein Herbsttag, wie ich keinen sah!
Die Luft ist still, als atmete man kaum,
und dennoch fallen raschelnd, fern und nah,
die schönsten Früchte ab von jedem Baum.

O stört sie nicht, die Feier der Natur!
Dies ist die Lese, die sie selber hält;
denn heute löst sich von den Zweigen nur,
was vor dem milden Strahl der Sonne fällt.

Rainer Maria Rilke
Herbsttag

Herr: es ist Zeit. Der Sommer war sehr groß.
Leg deinen Schatten auf die Sonnenuhren,
und auf den Fluren lass die Winde los.

Befiehl den letzten Früchten voll zu sein;
gieb ihnen noch zwei südlichere Tage,
dränge sie zur Vollendung hin und jage
die letzte Süße in den schweren Wein.

Wer jetzt kein Haus hat, baut sich keines mehr.
Wer jetzt allein ist, wird es lange bleiben,
wird wachen, lesen, lange Briefe schreiben
und wird in den Alleen hin und her
unruhig wandern, wenn die Blätter treiben.

Alfred Lichtenstein
Nebel

Ein Nebel hat die Welt so weich zerstört.
Blutlose Bäume lösen sich in Rauch.
Und Schatten schweben, wo man Schreie hört.
Brennende Biester schwinden hin wie Hauch.

Gefangne Fliegen sind die Gaslaternen.
Und jede flackert, dass sie noch entrinne.
Doch seitlich lauert glimmend hoch in Fernen
Der giftge Mond, die fette Nebelspinne.

Wir aber, die, verrucht, zum Tode taugen,
Zerschreiten knirschend diese wüste Pracht.
Und stechen stumm die weißen Elendsaugen
Wie Spieße in die aufgeschwollne Nacht.

Theodor Storm
Oktoberlied

Der Nebel steigt, es fällt das Laub;
Schenk ein den Wein, den holden!
Wir wollen uns den grauen Tag
Vergolden, ja vergolden!

Und geht es draußen noch so toll,
Unchristlich oder christlich,
Ist doch die Welt, die schöne Welt,
So gänzlich unverwüstlich!

Und wimmert auch einmal das Herz -
Stoß an und lass es klingen!
Wir wissen's doch, ein rechtes Herz
Ist gar nicht umzubringen.

Der Nebel steigt, es fällt das Laub;
Schenk ein den Wein, den holden!
Wir wollen uns den grauen Tag
Vergolden, ja vergolden!

Wohl ist es Herbst; doch warte nur,
Doch warte nur ein Weilchen!
Der Frühling kommt, der Himmel lacht,
Es steht die Welt in Veilchen.

Die blauen Tage brechen an,
Und ehe sie verfließen,
Wir wollen sie, mein wackrer Freund,
Genießen, ja genießen!

Bruno Wille
Novemberlaub

Auf stöhnender Föhre fiedelt der Sturm
Heulende düstre Balladen;
Es schnaubt sein Odem, nebelfeucht
Von nordischen Seegestaden.

So trübe der Himmel, als wär's schon spät.
Die Wolken pilgern traurig.
Im Strudel taumelt verkommenes Laub
Um Baumgerippe so schaurig.

Ein letztes Blättchen am Dornenstrauch
Fröstelt in starrem Weh ...
O mach ein Ende, Novembersturm!
Deck zu, du wogender Schnee!

Gustav Falke
Es schneit

Der erste Schnee, weich und dicht,
Die ersten wirbelnden Flocken.
Die Kinder drängen ihr Gesicht
Ans Fenster und frohlocken.

Da wird nun das letzte bisschen Grün
Leise, leise begraben.
Aber die jungen Wangen glühn,
Sie wollen den Winter haben.

Schlittenfahrt und Schellenklang
Und Schneebälle um die Ohren!
– Kinderglück, wo bist du? Lang,
Lang verschneit und erfroren.

Fallen die Flocken weich und dicht,
Stehen wir wohl erschrocken,
Aber die Kleinen begreifens nicht,
Glänzen vor Glück und frohlocken.

Ludwig Eichrodt
Winterfreuden

Nicht nur der Sommer, sondern auch
Der Winter hat sein Schönes,
Wiewohl man friert bei seinem Hauch,
So ist doch dies und jenes
Im Winter wirklich angenehm,
Besonders dass man sich bequem
Kann vor dem Frost bewahren,
Und auch im Schlitten fahren.

Das weite Feld ist kreidenweiß,
Wem machte das nicht Freuden?
Die Knaben purzeln auf dem Eis,
Wenn sie zu hurtig gleiten,
Und ist nicht die Bemerkung schön,
Bei Leuten, die zu Fuße geh'n,
Dass sie schier alle springen
Und mit den Händen ringen?

Und wenn man sich versehen hat,
Mit Holz, um einzuheizen,
So muss die Wärme früh und spat
Uns zum Vergnügen reizen,
Man richtet mit zufried'nem Sinn
Den Rücken an den Ofen hin,
Und wärmet sich nach Kräften
Für Haus- und Hofgeschäften.

Ein altes Buch zur Abendzeit
Muss ich zumeist doch lieben,
Wenn man da liest die Albernheit
Der Vorzeit schön beschrieben,
Man sitzt und liest und freuet sich
Und danket Gott herzinniglich
Genügsam und bescheiden
Für uns're jetzgen Zeiten.

Rainer Maria Rilke

Es gibt so wunderweiße Nächte,
drin alle Dinge silbern sind.
Da schimmert mancher Stern so lind,
als ob er fromme Hirten brächte
zu einem neuen Jesuskind.

Weit wie mit dichtem Demantstaube
bestreut, erscheinen Flur und Flut,
und in die Herzen, traumgemut,
steigt ein kapellenloser Glaube,
der leise seine Wunder tut.

Georg Trakl
Ein Winterabend

Wenn der Schnee ans Fenster fällt,
Lang die Abendglocke läutet,
Vielen ist der Tisch bereitet
Und das Haus ist wohlbestellt.

Mancher auf der Wanderschaft
Kommt ans Tor auf dunklen Pfaden.
Golden blüht der Baum der Gnaden
Aus der Erde kühlem Saft.

Wanderer tritt still herein;
Schmerz versteinerte die Schwelle.
Da erglänzt in reiner Helle
Auf dem Tische Brot und Wein.

Johann Wolfgang von Goethe
Weihnachten

Bäume leuchtend, Bäume blendend,
Überall das Süße spendend,
In dem Glanze sich bewegend,
Alt und junges Herz erregend –
Solch ein Fest ist uns bescheret,
Mancher Gaben Schmuck verehrt;
Staunend schaun wir auf und nieder,
Hin und her und immer wieder.

(*gekürzt*)

Joachim Ringelnatz
Weihnachten

Liebeläutend zieht durch Kerzenhelle,
mild, wie Wälderduft, die Weihnachtszeit,
und ein schlichtes Glück streut auf die Schwelle
schöne Blumen der Vergangenheit.

Hand schmiegt sich an Hand im engen Kreise,
und das alte Lied von Gott und Christ
bebt durch Seelen und verkündet leise,
dass die kleinste Welt die größte ist.

Hugo Salus
Christabend

Christabend war's. Ich träumte durch die Gassen,
vom Weihnachtsglanz mein Herz durchglüh'n zu lassen.
Mein Herz war fromm, als ob durch jede Flocke
das Bluten einer wunden Seele stockt.

"Frieden auf Erden und den Menschen allen
Glückseligkeit und stilles Wohlgefallen!"
Da, wie ich ging, zerstörte meine Träume
ein Haufen unverkaufter Weihnachtsbäume.

Sie lagen auf dem Pflaster da, vergessen
und schneebedeckt, als wär ihr Grün vermessen,
als schämten sie sich ihrer hellen Farben,
die doch so gern, um heut zu leuchten, starben.

Gleich einer Gauklerschar, im Wald erfroren,
die tief im Schnee den Weg ins Dorf verloren,
so lagen sie und sah'n aus ihrem Dunkel
rings in den Fenstern strahlendes Gefunkel.

Sie lagen da wie unerfülltes Sehnen,
erträumter Schimmer, ausgelöscht durch Tränen,
wie Leid, das wirr um die Erlösung betet,
wie Kinderjauchzen, das der Hunger tötet.

Sie lagen da, verschüchtert und verbittert,
vom Frost des Elends bis in Mark durchzittert,
den Glanz verfluchend, gleich Millionen Seelen,
in denen heut die Friedenslichter fehlen.

Hans Retep
Silvester, Silvester

Silvester, Silvester
Lass knallen mein Bester
Hinaus mit dem alten Jahr
Und hast du noch Fragen
Hör auf dich zu plagen
Das neue wird wunderbar

Ludwig Thoma
Silvesternacht

Und nun, wenn alle Uhren schlagen,
So haben wir uns was zu sagen,
Was feierlich und hoffnungsvoll
Die ernste Stunde weihen soll.

Zuerst ein Prosit in der Runde!
Ein helles, und aus frohem Munde!
Ward nicht erreicht ein jedes Ziel,
Wir leben doch, und das ist viel.

Noch einen Blick dem alten Jahre,
Dann legt es auf die Totenbahre!
Ein neues grünt im vollen Saft!
Ihm gelte unsre ganze Kraft!

Wir fragen nicht: Was wird es bringen?
Viel lieber wollen wir es zwingen,
Dass es mit uns nach vorne treibt,
Nicht rückwärts geht, nicht stehen bleibt.

Nicht schwächlich, was sie bringt, zu tragen,
Die Zeit zu lenken, lasst uns wagen!
Dann hat es weiter nicht Gefahr.
In diesem Sinne: Prost Neujahr!

„Ich ruh' in dir"

–

Liebe und Freundschaft

Matthias Claudius
Die Liebe

Die Liebe hemmet nichts; sie kennt nicht Tür noch Riegel
Und dringt durch alles sich;
Sie ist ohn Anbeginn, schlug ewig ihre Flügel
Und schlägt sie ewiglich.

anonym

Dû bist mîn, ich bin dîn.
des solt dû gewis sîn.
du bist beslozzen
in mînem herzen;
verlorn ist das sluzzelîn:
dû muost ouch immer darinne sîn.

(aus einer Tegernseer Handschrift vom Ende des 12. Jahrhunderts; mit diesen Versen schließt der zuvor lateinische Brief einer Frau an einen Kleriker)

Friedrich Theodor Vischer
Prähistorische Ballade

Ein Ichthyosaur sich wälzte
Am schlammigen, mulstrigen Sumpf.
Ihm war in der Tiefe der Seele
So säuerlich, saurisch und dumpf,

So dämlich, so zäh und so tranig,
So schwer und so bleiern und stumpf;
Er stürzte sich in das Moorbad
Mit platschendem, tappigem Pflumpf.

Da sah er der Ichthyosaurin,
So zart und so rund und so schlank,
Ins schmachtende Eidechsenauge,
Da ward er vor Liebe so krank.

Da zog es ihn hin zu der Holden
Durchs klebrige Urweltgemüs,
Da ward aus dem Ichthyosauren
Der zärtlichste Ichthyosüß.

Charles Baudelaire
Hymne

Dich, schöne Liebe, schöne Süße,
Dich Engel, der zum Licht mich weiht,
Unsterbliches Idol, dich grüße
Ich glühend in Unsterblichkeit.

Du flutest durch mein ganzes Leben
Gleich einem Seewind, herb und rein,
Und meiner Seele bangem Streben
Flößt du Begehr nach Ewgem ein.

Stets frischer Wohlgeruch, der blühend
Ein lieb Gemach in Düfte taucht,
Vergessner Weihrauch, der erglühend
Geheim in tiefer Nacht verhaucht!

Wie soll ich nennen dich in Wahrheit,
Demantenreine Liebesglut,
Die in der Seele ewger Klarheit,
Ein Ambrakorn, verborgen ruht?

Dich, schöne Gute, schöne Süße,
Die Kraft und Freude mir verleiht,
Unsterbliches Idol, dich grüße
Ich glühend in Unsterblichkeit.

(aus dem Französischen von Wolf von Kalckreuth)

Clemens Brentano
Schwalbenwitz

Wahrlich, wahrlich, ich sage euch,
Himmel und Erde sind sich gleich.
Spricht der Himmel: Werde!
Da grünt und blüht die Erde!
Spricht die Erde: Sterbe!
Da wird der Himmel ein lachender Erbe.
Sterne sah ich blinken und sinken,
Den Mond in der Sonne ertrinken,
Die Sonne stieg in die Meere,
Ohne dass sich ein Fünklein verlöre.
Feuer und Wasser hassen sich,
Erde und Wasser umfassen sich,
Luft und Feuer entzünden sich,
Erde und Feuer ersticken sich,
Erde und Luft umkühlen sich,
Luft und Wasser umspielen sich,
Aber alles ist Liebe, Liebe, Liebe
Und wenn sich alles empörte, verzehrte, verschlänge,
Dass gar nichts bliebe, bliebe doch Liebe
Die Hülle, die Fülle, die Menge.

Francesco Petrarca

Ist Liebe lauter nichts, wie dass sie mich entzündet?
Ist sie dann gleichwohl was, wem ist ihr Tun bewusst?
Ist sie auch recht und gut, wie bringt sie böse Lust?
Ist sie nicht gut, wie dass man Freud aus ihr empfindet?

Lieb ich gar williglich, wie dass ich Schmerzen trage?
Muss ich es tun, was hilfts, dass ich solch Trauren führ?
Tu ichs nicht gern, wer ists, der es befiehlet mir?
Tu ichs gern, warum, dass ich mich dann beklage?

Ich wanke wie das Gras, so von den kühlen Winden
Um Vesperzeit bald hin geneiget wird, bald her.
Ich walle wie ein Schiff, das in dem wilden Meer

Von Wellen umgejagt nicht kann zu Rande finden.
Ich weiß nicht was ich will, ich will nicht was ich weiß,
Im Sommer ist mir kalt, im Winter ist mir heiß.

(aus dem Italienischen von Martin Opitz)

Johann Wilhelm Ludwig Gleim
Liebe und Freundschaft

Liebe, weg! Du zankst dich nur,
Bist nur immer eifersüchtig!
Siehst nur immer nach der Uhr,
Bist, wie ihre Stunden, flüchtig!

Freundschaft, bleib'! Du zankst dich nicht,
Bist nicht immer eifersüchtig!
Siehst ins helle Sonnenlicht,
Bist nicht unstet, bist nicht flüchtig!

Komm' und sitz' auf meinem Schoß,
Herrsch' in meinem kleinen Staate! –
Wie werd' ich die Liebe los?
Rate, liebe Freundschaft, rate!

Christian Fürchtegott Gellert
Freundschaft

Der Freund, der mir den Spiegel zeiget,
Den kleinsten Flecken nicht verschweiget,
Mich freundlich warnt, mich ernstlich schilt,
Wenn ich nicht meine Pflicht erfüllt:
Der ist mein Freund,
So wenig er es scheint.

Doch der, der mich stets schmeichelnd preiset,
Mir Alles lobt und nichts verweiset,
Zu Fehlern gern die Hände beut
Und mir vergibt, eh' ich bereut:
Der ist mein Feind,
So freundlich er auch scheint.

Paul Heyse
Freunde

„Freund in der Not" will nicht viel heißen;
Hilfreich möchte sich Mancher erweisen.
Aber die neidlos ein Glück dir gönnen,
Die darfst du wahrlich „Freunde" nennen.

Christian Morgenstern

Ich liebe dich, du Seele, die da irrt
im Tal des Lebens nach dem rechten Glücke,
ich liebe dich, die manch ein Wahn verwirrt,
der manch ein Traum zerbrach in Staub und Stücke.

Ich liebe deine armen wunden Schwingen,
die ungestoßen in mir möchten wohnen;
ich möchte dich mit Güte ganz durchdringen;
ich möchte dich in allen Tiefen schonen.

August Stramm
Wunder

Du steht! Du steht!
Und ich
Und ich
Ich winge
Raumlos zeitlos wäglos
Du steht! Du steht!

Und
Rasen bäret mich
Ich
Bär mich selber!
Du!
Du!
Du bannt die Zeit
Du bogt der Kreis
Du seelt der Geist
Du blickt der Blick
Du
Kreist die Welt
Die Welt
Die Welt!
Ich
Kreis das All!
Und du
Und du
Du
Stehst
Das
Wunder!

William Shakespeare

In ihrem Aug' glänzt nichts von Sonnenlust,
Korall ist röter als ihr Lippenpaar,
Wenn weiß der Schnee, ist bräunlich ihre Brust,
Wenn Haar Metall, ist schwarz Metall ihr Haar.
Oft sah ich Rosen rot und weiß erblühn,
Doch ihre Wangen sind kein Rosenstrauch,
Und Düfte gibt es, die berauschend glühn,
Weit süßer als der Herrin Atemhauch.
Hold ist die Stimme, doch ich muss gestehn,
Holde Musik tut größ're Wonnen kund,
Ich sah noch niemals eine Göttin gehn,
Doch meiner Herrin Fuß berührt den Grund.

Und doch kann keine sie an Reiz erreichen,
Von der man lügt in schwülstigen Vergleichen.

(aus dem Englischen von Terese Robinson)

Franz Grillparzer
Kuss

Auf die Hände küsst die Achtung,
Freundschaft auf die offne Stirne,
Auf die Wange Wohlgefallen,
Selge Liebe auf den Mund;
Aufs geschlossne Aug die Sehnsucht,
In die hohle Hand Verlangen,
Arm und Nacken die Begierde,
Überall sonst hin Raserei.

Ludwig Thoma
Frühlingsahnen

Wohlig merken unsre Sinne
Nun den Frühling allgemach,
Denn es trauft aus jeder Rinne,
Und es tropft von jedem Dach.

Leise regt sich im Theater
Dieser Welt ein Liebeston;
Nächtens schreien viele Kater,
Und der Hase rammelt schon.

So auch uns ergreift die Glieder
Wundersame Lebenskraft;
Selbst solide Seifensieder
Fühlen ihren Knospensaft.

Treibet das Geschäft der Paarung!
Lasset der Natur den Lauf!
Denn ihr wisset aus Erfahrung,
Einmal hört es leider auf.

Celander
Lieben und geliebet werden ist das höchste Vergnügen

Was ist Vergnüglichers im ganzen Rund der Erden,
Als Lieben und zugleich mit Ernst geliebet werden?
Was ist Annehmlichers als ein ambrierter Kuss,
Den reine Liebe schenkt aus innerm Herzen-Fluss?
Was ist erquickender als schöne Brust-Granaten,
Worinnen Milch und Blut zur Kühlung hingeraten?
Was ist Bezauberndrs als der gewölbte Schoß,
Der uns entzücket, macht der satten Sinnen los?
Was ist verzuckerter als feuriges Umhalsen,
Das Honig-Kuchen macht aus bittern Wermuts-Salzen?
Was ist anmutiger als ein polierter Leib
Von zartem Helfenbein zur Nächte Zeit-Vertreib?
Was ist Gewünscheters, als Leib an Leiber leimen,
Und feuchten Perlen-Tau in Liebes-Muscheln schäumen?
Was ist entzückender als in der Muschel ruhn,
Wo Lust und Kitzelung der Wollust Tor auftun?
Was ist begierlicher, als da den Eintritt nehmen,
Wo Perl und Perlen-Milch das seichte Feld besämen?
Nichts ist Vergnüglichers, nichts, das mehr Wollust schafft,
Als wenn nur gleicher Will in beider Herzen haft'.
Nichts ist, das mehr erquickt, das mehr die Geister blendet,
Als wenn man seine Brunst im Schoß zur Kühlung sendet,
Nichts ist verzuckerter, nichts kommt gewünschter an,
Als wenn man in der Lieb sich recht ergötzen kann.

Frank Wedekind
Liebesantrag

Lass uns mit dem Feuer spielen,
Mit dem tollen Liebesfeuer;
Lass uns in den Tiefen wühlen,
Drin die grausen Ungeheuer.

Menschenherzens wilde Bestien,
Schlangen, Schakal und Hyänen,
Die den Leichnam noch beläst'gen
Mit den gier'gen Schneidezähnen.

Lass uns das Getier versammeln,
Lass es stacheln uns und hetzen.
Und die Tore fest verrammeln
Und uns königlich ergötzen.

Klabund
Wir im Welteninnen

Pflanze auf meine Lenden
Deiner Liebesküsse Raserei:
Sieh: mein Schrei
Brüllt wie eine Fackel auf zu Weltenbränden.

Lass die Sterne bleich ins Nichts verrinnen,
Lass die Erde sich in Asche modern,
Wir im Welteninnen
Werden wie die Hölle ewig lodern.

Friedrich Hebbel
Ich und Du

Wir träumten voneinander
Und sind davon erwacht,
Wir leben, um uns zu lieben,
Und sinken zurück in die Nacht.

Du tratst aus meinem Traume,
Aus deinem trat ich hervor,
Wir sterben, wenn sich eines
Im andern ganz verlor.

Auf einer Lilie zittern
Zwei Tropfen, rein und rund,
Zerfließen in eins und rollen
Hinab in des Kelches Grund.

Werner Schmitt

Ich bin ein Traum
und kann nur sein aus dir.

Wie du erlebst
dein Grauen und die Wollust
in meinen Bildern,

bin ich lebendig,
wenn du mein Scheinen ansiehst
in Schlaf und Tag.

Denn sonst erlösche ich
in Morgens Bö.

Elizabeth Barrett Browning

Geh fort von mir. So werd ich fürderhin
in deinem Schatten stehn. Und niemals mehr
die Schwelle alles dessen, was ich bin,
allein betreten. Niemals wie vorher

verfügen meine Seele. Und die Hand
nicht so wie früher in Gelassenheit
aufheben in das Licht der Sonne, seit
die deine drinnen fehlt. Mag Land um Land

anwachsen zwischen uns, so muss doch dein
Herz in dem meinen bleiben, doppelt schlagend.
Und was ich tu und träume, schließt dich ein:

so sind die Trauben überall im Wein.
Und ruf ich Gott zu mir: Er kommt zu Zwein
und sieht mein Auge Zweier Tränen tragend.

(*aus dem Englischen von Rainer Maria Rilke*)

Johann Wolfgang von Goethe
Gefunden

Ich ging im Walde
So für mich hin,
Und nichts zu suchen,
Das war mein Sinn.

Im Schatten sah ich
Ein Blümchen stehn,
Wie Sterne leuchtend,
Wie Äuglein schön.

Ich wollt' es brechen,
Da sagt' es fein:
Soll ich zum Welken
Gebrochen sein?

Ich grub's mit allen
Den Würzlein aus,
Zum Garten trug ich's
Am hübschen Haus.

Und pflanzt es wieder
Am stillen Ort;
Nun zweigt es immer
Und blüht so fort.

Stefan George

Die blume die ich mir am fenster hege
Verwahrt vorm froste in der grauen scherbe
Betrübt mich nur trotz meiner guten pflege
Und hängt das haupt als ob sie langsam sterbe.

Um ihrer frühern blühenden geschicke
Erinnerung aus meinem sinn zu merzen
Erwähl ich scharfe waffen und ich knicke
Die blasse blume mit dem kranken herzen.

Was soll sie nur zur bitternis mir taugen?
Ich wünschte dass vom fenster sie verschwände . .
Nun heb ich wieder meine leeren augen
Und in die leere nacht die leeren hände.

Johann Wolfgang von Goethe
Ginkgo Biloba

Dieses Baums Blatt, der von Osten
Meinem Garten anvertraut,
Gibt geheimen Sinn zu kosten,
Wie's den Wissenden erbaut.

Ist es *ein* lebendig Wesen,
Das sich in sich selbst getrennt?
Sind es zwei, die sich erlesen,
Dass man sie als *eines* kennt?

Solche Frage zu erwidern,
Fand ich wohl den rechten Sinn;
Fühlst du nicht an meinen Liedern,
Dass ich eins und doppelt bin?

Friedrich von Bodenstedt
Freundschaft

Mirza-Schaffy kam einst auf einer Reise
Zu einem reichen Mann. Da sprach der Weise:
Ich will dein Gast für heut und morgen bleiben,
Hilf mir die Zeit nun angenehm vertreiben;
Bereit' ein Fest, lad' gute Freunde ein,
Wir wollen froh und guter Dinge sein!
– Ich habe keine Freunde! – sprach der Mann.
Mirza-Schaffy sah ihn verwundert an:
So darf ich nicht dein Dach zum Obdach wählen,
Dem selbst beim Reichtum gute Freunde fehlen!
Er schüttelte den Staub von seinen Füßen,
Verließ den Reichen, ohne ihn zu grüßen,
Sprach: Wem der Himmel keinen Freund beschert,
Weh ihm! der Mann ist keines Grußes wert.

Novalis
An Adolph Selmnitz

Was passt, das muss sich ründen,
Was sich versteht, sich finden,
Was gut ist, sich verbinden,
Was liebt, zusammensein.
Was hindert, muss entweichen,
Was krumm ist, muss sich gleichen,
Was fern ist, sich erreichen,
Was keimt, das muss gedeihn.

Gib traulich mir die Hände,
Sei Bruder mir und wende
Den Blick vor Deinem Ende
Nicht wieder weg von mir.
Ein Tempel – wo wir knieen –
Ein Ort – wohin wir ziehen
Ein Glück – für das wir glühen
Ein Himmel – mir und dir.

Friedrich von Logau
An einen Freund

Weil du mich, Freund, beschenkst mit dir,
So dank ich billig dir mit mir.
Nimm hin deswegen mich für dich;
Ich sei dir du; sei du mir ich.

Richard Dehmel
Nur ein Hund

Ja, Dir wird's schwer, mich zu verlassen!
dein Auge bricht, als ob du weinst,
und warst doch bloß ein Kind der Gassen!
Ja, damals ahnt' ich nicht, dass einst
als letzter Freund ein Hund mir bliebe:
da sucht' ich noch bei Menschen Liebe.

Mein Hund, in deine treuen Augen
hab' manche Frage ich versenkt,
für die nicht Menschenblicke taugen,
wo man ein Tier braucht, das nicht denkt,
die Ohnmacht auch in ihm zu sehen,
mit der wir selbst durchs Leben gehen.

Du hast mir nie ein Leid bereitet:
Das kann kein Mensch, der liebste nicht!
Nun liegt dein Leib vom Tod gebreitet,
verlöscht dein tröstend Augenlicht ...
Was will mir denn wie Glück noch scheinen?
mein Hund, mein Freund: ich kann noch weinen!

Friedrich Rückert

Ich denk' an dich, und meine Seele ruht
In dem Gedanken aus an dich,
Dem Schiffer gleich, der aus bewegter Flut
Zum stillen Hafen rettet sich.
Als wie am Tag ein wilder Vogel fliegt,
Waldaus, Waldein, nach seiner Lust,
Doch bei der Nacht ins weiche Nest sich schmiegt,
So schmieg' ich mich an deine Brust.
Ich ruh' in dir, in deiner Liebe ruht
Der Drang der Seele wild und scheu;
Unsicher ist des Lebensmeeres Flut,
Und du allein bist ewig treu.

Justinus Kerner

Bin ich auch noch so alt geworden,
Starb doch die junge Liebe nicht,
Und gern, wie in der frühsten Jugend,
Seh' ich dir noch ins Angesicht.

Ja lieber noch: denn was uns freute,
Und was uns schmerzte, liegt nun hier,
Es singt nicht mehr bloß Frühlingszüge,
Mein ganzes Leben blickt aus dir.

Und wie nach noch so vielen Wettern
Ein Stern in gleichem Lichte scheint,
So blieb dein Aug' das alte, klare,
Hast du's auch oftmals trüb geweint.

Theodor Storm
Wer je gelebt in Liebesarmen

Wer je gelebt in Liebesarmen,
Der kann im Leben nie verarmen;
Und müsst er sterben fern, allein,
Er fühlte noch die sel'ge Stunde,
Wo er gelebt an ihrem Munde,
Und noch im Tode ist sie sein.

Rainer Maria Rilke

Immer wieder, ob wir der Liebe Landschaft auch kennen,
und den kleinen Kirchhof mit seinen klagenden Namen
und die furchtbar verschweigende Schlucht, in welcher die
                                                  andern
enden: immer wieder gehn wir zu zween hinaus
unter die alten Bäume, lagern uns immer wieder
zwischen die Blumen, gegenüber dem Himmel.

„Die Waage gleicht der großen Welt"

–

Kluge Sprüche

Erich Mühsam
Warum ich Welt und Menschheit nicht verfluche

Warum ich Welt und Menschheit nicht verfluche? –
Weil ich den Menschen spüre, den ich suche!

August Heinrich Hoffmann von Fallersleben
Kinderseele

Was eine Kinderseele
aus jedem Blick verspricht!
So reich ist doch an Hoffnung
ein ganzer Frühling nicht.

Franz Grillparzer
Stammbuch

Werde, was du noch nicht bist,
Bleibe, was du jetzt schon bist,
In diesem Bleiben und diesem Werden
Liegt alles Schöne hier auf Erden.

Friedrich von Bodenstedt

Nehmt hin mit Weinen oder Lachen,
was euch das Schicksal gönnt –
kein König kann euch glücklich machen,
wenn ihr es selbst nicht könnt.

Friedrich Rückert

Was dir der Himmel schickt,
das nimm du dankbar an;
und ist es minder gut,
so ist's doch so getan,
dass es ein guter Mut
zum Besten wenden kann.

Joachim Ringelnatz
Was du erwirbst an Geist und Gut

Erwirb dir viel und gib das meiste fort.
Viel zu behalten, hat den Wert von Sport.
Behalte Dinge, die du innig liebst,
Bis du sie gern an Freunde weitergibst.
Liebe und halte frei dein Eigentum.
Besitz macht ruhelos und bringt nicht Ruhm.

Anastasius Grün

In der Welt fährst du am besten,
Sprichst du stolz mit stolzen Gästen,
Mit bescheidenen bescheiden,
Aber wahr und klar mit beiden.

August Heinrich Hoffmann von Fallersleben

Will eine Blume sich erneuen,
So muss sie ihre Frucht verstreuen;
Und will der Mensch in einem Herzen leben,
So muss er erst sein eignes Herz drum geben.

Christian Morgenstern

Messkunst wird und Forscherlust
einst noch Gras und Baum befragen:
und der Wissenschaft wird tagen,
was der Weisheit längst bewusst.

Gotthold Ephraim Lessing
Die große Welt

Die Waage gleicht der großen Welt –
Das Leichte steigt, das Schwere fällt.

Friedrich Rückert

Vom Guten zum Bösen ist kein Sprung,
Der Übergang ist unmerklich gemacht,
Wie der Tag durch die Dämmerung
Sich verliert in die Nacht.

Daniel Czepko von Reigersfeld
Schweigendes Hören, Hörendes Schweigen

Indem ich schweig, hab ich viel mehr von mir erfahrn,
Als vor mir ausgeschwätzt viel Weis' in hundert Jahrn.

Wilhelm Müller
Die Nachtigall

Dein Gesang, o Nachtigall, ist ein Wunder dieser Welt,
Weil ihn keiner kann verstehn, und er jedem doch gefällt.

Angelus Silesius
Ohne warum

Die Ros ist ohn warum, sie blühet, weil sie blühet,
Sie acht nicht ihrer selbst, fragt nicht ob man sie siehet.

Martin Luther

Das größte Haus ist eng,
das kleinste Haus ist weit,
wenn dort ein Gedräng
und hier Zufriedenheit.

Johann Wolfgang von Goethe
Erinnerung

Willst du immer weiter schweifen?
Sieh, das Gute liegt so nah.
Lerne nur das Glück ergreifen,
Denn das Glück ist immer da.

August Heinrich Hoffmann von Fallersleben

Nichts hat in der Welt Bestand:
Was da kommt, muss scheiden,
und so reichen sich die Hand
immer Freud und Leiden.

Nikolaus Lenau
Frage

O Menschenherz, was ist dein Glück?
Ein rätselhaft geborner,
Und, kaum gegrüßt, verlorner,
Unwiederholter Augenblick!

Andreas Gryphius
Betrachtung der Zeit

Mein sind die Jahre nicht, die mir die Zeit genommen,
Mein sind die Jahre nicht, die etwa möchten kommen.
Der Augenblick ist mein, und nehm' ich den in acht,
So ist der mein, der Jahr und Ewigkeit gemacht.

Emanuel Geibel

Die Zeit ist wie ein Bild von Mosaik;
Zu nah beschaut, verwirrt es nur den Blick;
Willst du des Ganzen Art und Sinn verstehn,
So musst du's, Freund, aus rechter Ferne sehn.

Johann Wolfgang von Goethe
Spruch, Widerspruch

Ihr müsst mich nicht durch Widerspruch verwirren!
Sobald man spricht, beginnt man schon zu irren.

„Immer rascher fliegt der Funke"

–

Gedichte über das Leben

Rainer Maria Rilke
Eingang

Wer du auch seist: am Abend tritt hinaus
aus deiner Stube, drin du alles weißt;
als letztes vor der Ferne liegt dein Haus:
wer du auch seist.
Mit deinen Augen, welche müde kaum
von der verbrauchten Schwelle sich befrein,
hebst du ganz langsam einen schwarzen Baum
und stellst ihn vor den Himmel: schlank, allein.
Und hast die Welt gemacht. Und sie ist groß
und wie ein Wort, das noch im Schweigen reift.
Und wie dein Wille ihren Sinn begreift,
lassen sie deine Augen zärtlich los ...

Joachim Ringelnatz
Schenken

Schenke groß oder klein,
Aber immer gediegen.
Wenn die Bedachten
Die Gaben wiegen,
Sei dein Gewissen rein.

Schenke herzlich und frei.
Schenke dabei
Was in dir wohnt
An Meinung, Geschmack und Humor,
So dass die eigene Freude zuvor
Dich reichlich belohnt.

Schenke mit Geist ohne List.
Sei eingedenk,
Dass dein Geschenk
Du selber bist.

Cäsar Flaischlen

Hab Sonne im Herzen,
ob's stürmt oder schneit,
ob der Himmel voll Wolken,
die Erde voll Streit ...
hab Sonne im Herzen,
dann komme was mag:
das leuchtet voll Licht dir
den dunkelsten Tag!

Hab ein Lied auf den Lippen
mit fröhlichem Klang,
und macht auch des Alltags
Gedränge dich bang ...
hab ein Lied auf den Lippen,
dann komme was mag:
das hilft dir verwinden
den einsamsten Tag!

Hab ein Wort auch für andre
in Sorg und in Pein
und sag, was dich selber
so frohgemut lässt sein:
Hab ein Lied auf den Lippen,
verlier nie den Mut,
hab Sonne im Herzen,
und alles wird gut!

Joachim Ringelnatz
Morgenwonne

Ich bin so knallvergnügt erwacht.
Ich klatsche meine Hüften.
Das Wasser lockt. Die Seife lacht.
Es dürstet mich nach Lüften.

Ein schmuckes Laken macht einen Knicks
und gratuliert mir zum Baden.
Zwei schwarze Schuhe in blankem Wichs
betiteln mich „Euer Gnaden".

Aus meiner tiefsten Seele zieht
mit Nasenflügelbeben
ein ungeheurer Appetit
nach Frühstück und nach Leben.

Georg Herwegh
Die Geschäftigen

Nicht einen Hauch vergeuden sie, nicht einen,
Nein, alles wird gleich für den Markt geboren,
Kein Herzensschlag geht ohne Zins verloren,
Die Herren machen Brot aus ihren Steinen.

Sie machen Brot aus Lachen und aus Weinen –
Ich hab' mir die Beschaulichkeit erkoren,
Und niemals streng gerechnet mit den Horen,
Ich denke fromm: „Gott gibt's im Schlaf den Seinen!"

Ich kann des Lebens banggeschäftig Rauschen,
Dies laute Tun und Treiben nicht verstehn,
Und möcht' mein einsam Glück nicht drum vertauschen.

Lass mich die stillen Pfade weiter gehn,
Der Wolken und der Sterne Zug belauschen,
Und schönen Kindern in die Augen sehn!

Matthias Claudius
Abendlied

Der Mond ist aufgegangen
Die goldnen Sternlein prangen
Am Himmel hell und klar;
Der Wald steht schwarz und schweiget,
Und aus den Wiesen steiget
Der weiße Nebel wunderbar.

Wie ist die Welt so stille,
Und in der Dämmrung Hülle
So traulich und so hold!
Als eine stille Kammer,
Wo ihr des Tages Jammer
Verschlafen und vergessen sollt.

Seht ihr den Mond dort stehen? –
Er ist nur halb zu sehen,
Und ist doch rund und schön!
So sind wohl manche Sachen,
Die wir getrost belachen,
Weil unsre Augen sie nicht sehn.

Wir stolze Menschenkinder
Sind eitel arme Sünder,
Und wissen gar nicht viel;
Wir spinnen Luftgespinste,
Und suchen viele Künste,
Und kommen weiter von dem Ziel.

Gott, lass uns dein Heil schauen,
Auf nichts Vergänglichs trauen,
Nicht Eitelkeit uns freun!
Lass uns einfältig werden,
Und vor dir hier auf Erden
Wie Kinder fromm und fröhlich sein!

Wollst endlich sonder Grämen
Aus dieser Welt uns nehmen
Durch einen sanften Tod!
Und, wenn du uns genommen,
Lass uns in Himmel kommen,
Du unser Herr und unser Gott!

So legt euch denn, ihr Brüder,
In Gottes Namen nieder;
Kalt ist der Abendhauch.
Verschon uns, Gott! mit Strafen,
Und lass uns ruhig schlafen!
Und unsern kranken Nachbar auch!

Joseph von Eichendorff
Die Nachtblume

Nacht ist wie ein stilles Meer,
Lust und Leid und Liebesklagen
Kommen so verworren her
In dem linden Wellenschlagen.

Wünsche wie die Wolken sind,
Schiffen durch die stillen Räume,
Wer erkennt im lauen Wind,
Ob's Gedanken oder Träume? –

Schließ ich nun auch Herz und Mund,
Die so gern den Sternen klagen:
Leise doch im Herzensgrund
Bleibt das linde Wellenschlagen.

Nikolaus Lenau
Die Jugendträume

Der Jüngling weilt in einem Blütengarten
Und schaut mit Lust des Lebens Morgenrot;
Auf seinem Antlitz ruht ein schön Erwarten,
Die Welt ist Himmel ihm, der Mensch ein Gott.

Ein Morgenlüftchen streut ihm duftge Rosen
Mit leisem Finger in das Lockenhaar;
Sein Haupt umflattert mit vertrautem Kosen
Ein bunt Gevögel, singend wunderbar.

Seid stille, stille, dass die flüchtgen Gäste
Ihr nicht dem Jünglinge verscheucht; denn wisst:
Die Jugendträume sind es, wohl das beste,
Was ihm für diese Welt beschieden ist.

Doch, weh! ihm naht mit eisern schwerem Gange
Die Wirklichkeit, und fort auf ewig fliehn
Die Vögel, und dem Jüngling wird so bange,
Da er sie weiter sieht und weiter ziehn.

Paul Fleming
An sich

Sei dennoch unverzagt, gib dennoch unverloren,
weich keinem Glücke nicht, steh' höher als der Neid,
vergnüge dich an dir und acht' es für kein Leid,
hat sich gleich wider dich Glück, Ort und Zeit verschworen.

Was dich betrübt und labt, halt Alles für erkoren,
nimm dein Verhängnis an, lass' Alles unbereut.
Tu, was getan muss sein, und eh' man dirs gebeut.
Was du noch hoffen kannst, das wird noch stets geboren.

Was klagt, was lobt man doch? Sein Unglück und sein Glücke
ist ihm ein jeder selbst. Schau alle Sachen an,
dies Alles ist in dir. Lass deinen eiteln Wahn,

und eh' du förder gehst, so geh' in dich zurücke.
Wer sein selbst Meister ist und sich beherrschen kann,
dem ist die weite Welt und Alles untertan.

Theodor Fontane
Überlass es der Zeit

Erscheint dir etwas unerhört,
Bist du tiefsten Herzens empört,
Bäume nicht auf, versuchs nicht mit Streit,
Berühr es nicht, überlass es der Zeit.
Am ersten Tage wirst du feige dich schelten,
Am zweiten lässt du dein Schweigen schon gelten,
Am dritten hast du's überwunden;
Alles ist wichtig nur auf Stunden,
Ärger ist Zehrer und Lebensvergifter,
Zeit ist Balsam und Friedensstifter.

Clemens Brentano

Lieb und Leid im leichten Leben
Sich erheben, abwärts schweben,
Alles will das Herz umfangen,
Nur Verlangen, nie erlangen,

In dem Spiegel all ihr Bilder
Blicket milder, blicket wilder
Jugend kann doch nichts versäumen
Fort zu träumen, fort zu schäumen.

Frühling soll mit süßen Blicken
Sie entzücken und berücken,
Sommer mich mit Frucht und Myrten,
Reich bewirten, froh umgürten.

Herbst du sollst mich Haushalt lehren,
Zu entbehren, zu begehren,
Und du Winter lehr mich sterben
Mich verderben, Frühling erben.

Wasser fallen um zu springen,
Um zu klingen, um zu singen,
Schweig ich stille, wie und wo?
Trüb und froh, nur so, so!

Theodor Fontane
Umsonst

Immer rascher fliegt der Funke,
Jede Dschunke und Spelunke
Wird auf Wissenschaft bereist,
Jede Sonne wird gewogen
Und in Rechnung selbst gezogen,
Was noch sonnenjenseits kreist.

Immer höhre Wissenstempel,
Immer richt'ger die Exempel,
Wie Natur es draußen treibt,
Immer klüger und gescheiter,
Und wir kommen doch nicht weiter,
Und das Lebensrätsel bleibt.

Giacomo Leopardi
L'Infinito

Immer lieb war mir dieser einsame
Hügel und das Gehölz, das fast ringsum
ausschließt vom fernen Aufruhn der Himmel
den Blick. Sitzend und schauend bild ich unendliche
Räume jenseits mir ein und mehr als
menschliches Schweigen und Ruhe vom Grunde der Ruh.
Und über ein Kleines geht mein Herz ganz ohne
Furcht damit um. Und wenn in dem Buschwerk
aufrauscht der Wind, so überkommt es mich, dass ich
dieses Lautsein vergleiche mit jener endlosen Stillheit.
Und mir fällt das Ewige ein
und daneben die alten Jahreszeiten und diese
daseiende Zeit, die lebendige, tönende. Also
sinkt der Gedanke mir weg ins Übermaß. Unter-
gehen in diesem Meer ist inniger Schiffbruch.

(*Aus dem Italienischen von Rainer Maria Rilke; L'Infinito = Die Unendlichkeit.*)

Friedrich Hölderlin
Abendphantasie

Vor seiner Hütte ruhig im Schatten sitzt
Der Pflüger, dem Genügsamen raucht sein Herd.
Gastfreundlich tönt dem Wanderer im
Friedlichen Dorfe die Abendglocke.

Wohl kehren itzt die Schiffer zum Hafen auch,
In fernen Städten, fröhlich verrauscht des Markts
Geschäftger Lärm; in stiller Laube
Glänzt das gesellige Mahl den Freunden.

Wohin denn ich? Es leben die Sterblichen
Von Lohn und Arbeit; wechselnd in Müh und Ruh
Ist alles freudig; warum schläft denn
Nimmer nur mir in der Brust der Stachel?

Am Abendhimmel blühet ein Frühling auf;
Unzählig blühn die Rosen und ruhig scheint
Die goldne Welt; o dorthin nimmt mich,
Purpurne Wolken! und möge droben

In Licht und Luft zerrinnen mir Lieb und Leid! –
Doch, wie verscheucht von töriger Bitte, flieht
Der Zauber; dunkel wirds und einsam
Unter dem Himmel, wie immer, bin ich –

Komm du nun, sanfter Schlummer! zu viel begehrt
Das Herz; doch endlich, Jugend! verglühst du ja,
Du ruhelose, träumerische!
Friedlich und heiter ist dann das Alter.

Christian Fürchtegott Gellert
In Krankheit

Ich hab in guten Stunden
Des Lebens Glück empfunden;
Und Freuden ohne Zahl:
So will ich denn gelassen
Mich auch in Leiden fassen;
Welch Leben hat nicht seine Qual?

(*Auschnitt*)

Johann Wolfgang von Goethe
Das Alter

Das Alter ist ein höflich' Mann:
Einmal übers andre klopft er an;
Aber nun sagt niemand: Herein!
Und vor der Türe will er nicht sein.
Da klinkt er auf, tritt ein so schnell,
Und nun heißt's, er sei ein grober Gesell.

Theodor Fontane
Die Alten und die Jungen

„Unverständlich sind uns die Jungen"
Wird von den Alten beständig gesungen;
Meinerseits möcht ich's damit halten:
„Unverständlich sind mir die Alten."
Dieses Am-Ruder-bleiben-Wollen
In allen Stücken und allen Rollen,
Dieses Sich-unentbehrlich-Vermeinen
Samt ihrer „Augen stillem Weinen",
Als wäre der Welt ein Weh getan –
Ach, ich kann es nicht verstahn.
Ob unsre Jungen, in ihrem Erdreisten,
Wirklich was Besseres schaffen und leisten,
Ob dem Parnasse sie näher gekommen
Oder bloß einen Maulwurfshügel erklommen,
Ob sie mit andern Neusittenverfechtern
Die Menschheit bessern oder verschlechtern,
Ob sie Frieden sä'n oder Sturm entfachen,
Ob sie Himmel oder Hölle machen –
Eins lässt sie stehn auf siegreichem Grunde,
Sie haben den Tag, sie haben die Stunde,
Der Mohr kann gehn, neu Spiel hebt an,
Sie beherrschen die Szene, sie sind dran.

Matthias Claudius
Die Sternseherin Lise

Ich sehe oft um Mitternacht,
Wenn ich mein Werk getan
Und niemand mehr im Hause wacht,
Die Stern' am Himmel an.

Sie gehn da, hin und her zerstreut
Als Lämmer auf der Flur;
In Rudeln auch, und aufgereiht
Wie Perlen an der Schnur.

Und funkeln alle weit und breit
Und funkeln rein und schön;
Ich seh' die große Herrlichkeit
Und kann mich satt nicht sehn ...

Dann saget unterm Himmelszelt
Mein Herz mir in der Brust:
„Es gibt was Bessers in der Welt
Als all ihr Schmerz und Lust."

Ich werf mich auf mein Lager hin,
Und liege lange wach,
Und suche es in meinem Sinn:
Und sehne mich darnach.

Wilhelm Müller
Der Lindenbaum

Am Brunnen vor dem Tore
Da steht ein Lindenbaum:
Ich träumt' in seinem Schatten
So manchen süßen Traum.

Ich schnitt in seine Rinde
So manches liebe Wort;
Es zog in Freud' und Leide
Zu ihm mich immer fort.

Ich musst' auch heute wandern
Vorbei in tiefer Nacht,
Da hab' ich noch im Dunkel
Die Augen zugemacht.

Und seine Zweige rauschten,
Als riefen sie mir zu:
Komm her zu mir, Geselle,
Hier findst du deine Ruh'!

Die kalten Winde bliesen
Mir grad' ins Angesicht,
Der Hut flog mir vom Kopfe,
Ich wendete mich nicht.

Nun bin ich manche Stunde
Entfernt von jenem Ort,
Und immer hör' ich's rauschen:
Du fändest Ruhe dort!

Martin Opitz
Schönheit dieser Welt vergehet

Schönheit dieser Welt vergehet,
Wie ein Wind, der niemals stehet,
Wie die Blume, so kaum blüht,
Und auch schon zur Erden sieht,
Wie die Welle, die erst kimmt
Und den Weg bald weiter nimmt.
Was für Urteil soll ich fällen?
Welt ist Wind, ist Blum und Wellen.

Hugo von Hofmannsthal
Was ist die Welt?

Was ist die Welt? Ein ewiges Gedicht,
Daraus der Geist der Gottheit strahlt und glüht,
Daraus der Wein der Weisheit schäumt und sprüht,
Daraus der Laut der Liebe zu uns spricht

Und jedes Menschen wechselndes Gemüt,
Ein Strahl ists, der aus dieser Sonne bricht,
Ein Vers, der sich an tausend andre flicht,
Der unbemerkt verhallt, verlischt, verblüht.

Und doch auch eine Welt für sich allein,
Voll süß-geheimer, nievernommner Töne,
Begabt mit eigner, unentweihter Schöne,

Und keines andern Nachhall, Widerschein.
Und wenn du gar zu lesen drin verstündest,
Ein Buch, das du im Leben nicht ergründest.

Friedrich Schiller
Hoffnung

Es reden und träumen die Menschen viel
Von bessern künftigen Tagen,
Nach einem glücklichen goldenen Ziel
Sieht man sie rennen und jagen.
Die Welt wird alt und wird wieder jung,
Doch der Mensch hofft immer Verbesserung.

Die Hoffnung führt ihn ins Leben ein,
Sie umflattert den fröhlichen Knaben,
Den Jüngling locket ihr Zauberschein,
Sie wird mit dem Greis nicht begraben,
Denn beschließt er im Grabe den müden Lauf,
Noch am Grabe pflanzt er – die Hoffnung auf.

Es ist kein leerer schmeichelnder Wahn,
Erzeugt im Gehirne des Toren,
Im Herzen kündet es laut sich an:
Zu was Besserm sind wir geboren!
Und was die innere Stimme spricht,
Das täuscht die hoffende Seele nicht.

Abraham Gotthelf Kästner
Die veränderlichen Triebe der menschlichen Alter

Nach Puppen wird das Kind sich sehnen,
Der muntre Jüngling nach der Schönen,
Der Ruhm erhitzt des Mannes Fleiß,
Und Gold begehrt der matte Greis.
Bei so veränderlichen Trieben,
Wer wird sein wahres Glücke lieben?
Nur Der, der Schöne, Ruhm und Geld
Für Puppen der Erwachsnen hält.

Johann Peter Hebel
Die Rose

Im Garten sah ich frisch und schön
die aufgeblühte Rose stehn;
und wer sie sah und wer sie fand,
gleich mir entzücket vor ihr stand.

Der Gärtner kam in raschem Gang;
da ward mir für die Rose bang.
Ich stand und sah, wie plötzlich – ach!
des Gärtners Hand die Rose brach.

„Du harter Mann, was machest du?"
rief ich dem Gärtner zürnend zu;
„die Rose, die so herrlich stand,
bricht ohn Erbarmen deine Hand!"

„Der Sturm könnt sie entblättern hier",
sprach drauf der Gärtner mild zu mir.
„Für sie, die hier gefährdet stand,
weiß ich ein sichres, bessres Land.

In jenes Land versetz ich sie;
denn dort erreicht der Sturm sie nie.
Wirst du sie einst dort wiedersehn,
so blüht sie hundertmal so schön!"

(*Beim Tode eines jungen Mädchens*)

Arno Holz

Sieben Septillionen Jahre
zählte ich die Meilensteine am Rande der Milchstrasse.

Sie endeten nicht.

Myriaden Äonen
versank ich in die Wunder eines einzigen Tautröpfchens.

Es erschlossen sich immer neue.

Mein Herz erzitterte!

Selig ins Moos
streckte ich mich und wurde Erde.

Jetzt ranken Brombeeren
über mir,
auf einem sich wiegenden Schlehdornzweig
zwitschert ein Rotkehlchen.

Aus meiner Brust
springt fröhlich ein Quell,
aus meinem Schädel
wachsen Blumen.

„Ein Seufzer lief Schlittschuh
auf nächtlichem Eis"

–

Lustig bis zum Schluss

Kurt Tucholsky
An das Baby

Alle stehn um dich herum:
Fotograf und Mutti
und ein Kasten, schwarz und stumm,
Felix, Tante Putti ...
Sie wackeln mit dem Schlüsselbund,
fröhlich quietscht ein Gummihund.
„Baby, lach mal! " ruft Mama.
„Guck", ruft Tante, „eiala!"
Aber du, mein kleiner Mann,
siehst dir die Gesellschaft an ...
Na, und dann – was meinste?
Weinste.

Später stehn um dich herum
Vaterland und Fahnen;
Kirche, Ministerium,
Welsche und Germanen.
Jeder stiert nur unverwandt
auf das eigne kleine Land.
Jeder kräht auf seinem Mist,
weiß genau, was Wahrheit ist.
Aber du, mein guter Mann,
siehst dir die Gesellschaft an ...
Na, und dann – was machste?
Lachste.

Erich Mühsam
Erziehung

Der Vater zu dem Sohne spricht:
Zum Herz– und Seelengleichgewicht,
zur inneren Zufriedenheit
und äußeren Behaglichkeit
und zur geregelten Verdauung
bedarf es einer Weltanschauung.
Mein Sohn, du bist nun alt genug.
Das Leben macht den Menschen klug,
die Klugheit macht den Menschen reich,
der Reichtum macht uns Herrschern gleich,
und herrschen juckt uns in den Knöcheln
vom Kindesbein bis zum Verröcheln.
Und sprichst du: Vater, es ist schwer.
Wo nehm ich Geld und Reichtum her?
So merk: Sei deines Nächsten Gast!
Pump von ihm, was du nötig hast.
Sei's selbst sein letzter Kerzenstumpen –
besinn dich nicht, auch den zu pumpen.
Vom Pumpen lebt die ganze Welt.
Glück ist und Ruhm auf Pump gestellt.
Der Reiche pumpt den Armen aus,
vom Armen pumpt auch noch die Laus,
und drängst du dich nicht früh zur Krippe,
das Fell zieht man dir vom Gerippe.
Drum pump, mein Sohn, und pumpe dreist!
Pump anderer Ehr, pump anderer Geist.
Was andere schufen, nenne dein!
Was andere haben, steck dir ein!
Greif zu, greif zu! Gott wird's dir lohnen.
Hoch wirst du ob der Menschheit thronen!

Wilhelm Busch
Niemals

Wonach du sehnlich ausgeschaut,
Es wurde dir beschieden.
Du triumphierst und jubelst laut:
jetzt hab ich endlich Frieden!

Ach, Freundchen, rede nicht so wild,
Bezähme deine Zunge!
Ein jeder Wunsch, wenn er erfüllt,
Kriegt augenblicklich Junge.

Ludwig Thoma
Lied der Großindustriellen

Wir lieben dieses Vaterland!
Doch fesselt uns ein schön'res Band
Viel stärker, unvergleichlich zäh
Ans Portemonnaie.

Die Treue unserm Königshaus,
Wir hängen sie beim Sekt heraus,
Indes noch immer hat das Prae
Das Portemonnaie.

An Gott im Himmel glauben wir.
Wär Er dem Volk nicht mehr 's Panier,
Wer wüsste dann, was wohl geschäh'
Dem Portemonnaie?

So lebt sich's gut bei dem System,
Wir ändern es auch je nachdem,
Wenn man wo einen Vorteil säh'
Fürs Portemonnaie.

Friedrich von Logau
Heutige Welt–Kunst

Anders sein und anders scheinen,
Anders reden, anders meinen,
Alles loben, alles tragen,
Allen heucheln, stets behagen,
Allem Winde Segel geben,
Bös- und Guten dienstbar leben;
Alles Tun und alles Tichten
Bloß auf eignen Nutzen richten:
Wer sich dessen will befleißen,
Kann politisch heuer heißen.

Erich Mühsam
Der Revoluzzer

War einmal ein Revoluzzer
im Zivilstand Lampenputzer;
ging im Revoluzzerschritt
mit den Revoluzzern mit.

Und er schrie: „Ich revolüzze!"
Und die Revoluzzermütze
schob er auf das linke Ohr,
kam sich höchst gefährlich vor.

Doch die Revoluzzer schritten
mitten in der Straßen Mitten,
wo er sonsten unverdrutzt
alle Gaslaternen putzt.

Sie vom Boden zu entfernen,
rupfte man die Gaslaternen
aus dem Straßenpflaster aus,
zwecks des Barrikadenbaus.

Aber unser Revoluzzer
schrie: „Ich bin der Lampenputzer
dieses guten Leuchtelichts.
Bitte, bitte, tut ihm nichts!

Wenn wir ihn' das Licht ausdrehn,
kann kein Bürger nichts mehr sehen.
Lasst die Lampen stehn, ich bitt! –
Denn sonst spiel ich nicht mehr mit!"

Doch die Revoluzzer lachten,
und die Gaslaternen krachten,
und der Lampenputzer schlich
fort und weinte bitterlich.

Dann ist er zu Haus geblieben
und hat dort ein Buch geschrieben:
nämlich, wie man revoluzzt
und dabei doch Lampen putzt.

Christian Morgenstern
Die unmögliche Tatsache

Palmström, etwas schon an Jahren,
wird an einer Straßenbeuge
und von einem Kraftfahrzeuge
überfahren.

Wie war (spricht er, sich erhebend
und entschlossen weiterlebend)
möglich, wie dies Unglück, ja –:
dass es überhaupt geschah?

Ist die Staatskunst anzuklagen
in Bezug auf Kraftfahrwagen?
Gab die Polizeivorschrift
hier dem Fahrer freie Trift?

Oder war vielmehr verboten
hier Lebendige zu Toten
umzuwandeln – kurz und schlicht:
Durfte hier der Kutscher nicht –?

Eingehüllt in feuchte Tücher,
prüft er die Gesetzesbücher
und ist alsobald im klaren:
Wagen durften dort nicht fahren!

Und er kommt zu dem Ergebnis:
Nur ein Traum war das Erlebnis.
Weil, so schließt er messerscharf,
nicht sein kann, was nicht sein darf.

Hugo Ball
Karawane

jolifanto bambia o falli bambla
großgiga m'pfa habla horem
egiga goramen
higo bloiko russula huju
hollaka hollala
anlogo bung
blago bung blago bung
bosso fataka
ü üü ü
schampa wulla wussa olobo
hej tatta gorem
eschige zunbada
wulubu ssubudu uluwu ssubudu
tumba ba-umf
kusa gauma
ba - umf

Emanuel Geibel

Der Maulwurf hört in seinem Loch
Ein Lerchenlied erklingen
Und spricht: „Wie sinnlos ist es doch,
Zu fliegen und zu singen!"

Joachim Ringelnatz
Die Ameisen

In Hamburg lebten zwei Ameisen,
Die wollten nach Australien reisen.
Bei Altona auf der Chaussee
Da taten ihnen die Beine weh,
Und da verzichteten sie weise
Dann auf den letzten Rest der Reise.

So will man oft und kann doch nicht
Und leistet dann recht gern Verzicht.

Gotthold Ephraim Lessing
Lob der Faulheit

Faulheit jetzo will ich dir
Auch ein kleines Loblied bringen.–
O — wie — sau — er — wird es mir, —
Dich — nach Würden — zu besingen!
Doch, ich will mein Bestes tun,
Nach der Arbeit ist gut ruhn.

Höchstes Gut, wer Dich nur hat,
Dessen ungestörtes Leben —
Ach! — ich — gähn — ich — werde matt —
Nun — so — magst du — mir's vergeben,
Dass ich Dich nicht singen kann;
Du verhinderst mich ja dran.

Oscar Blumenthal
Zur Physiognomik

Der weise Schopenhauer spricht –
Und gern betret' ich seine Spur:
„Ein jedes Menschen Angesicht
Ist ein Gedanke der Natur."

Es folgt daraus das Eine nur,
Wenn man dem Worte Glauben schenkt:
Dass auch die ewige Natur
Mehr Dummes als Gescheites denkt.

Kurt Tucholsky
Rosen auf den Weg gestreut

Ihr müsst sie lieb und nett behandeln,
erschreckt sie nicht – sie sind so zart!
Ihr müsst mit Palmen sie umwandeln,
getreulich ihrer Eigenart!
Pfeift euerm Hunde, wenn er kläfft –:
Küsst die Faschisten, wo ihr sie trefft!

Wenn sie in ihren Sälen hetzen,
sagt: „Ja und Amen – aber gern!
Hier habt ihr mich – schlagt mich in Fetzen!"
Und prügeln sie, so lobt den Herrn.
Denn Prügeln ist doch ihr Geschäft!
Küsst die Faschisten, wo ihr sie trefft.

Und schießen sie –: du lieber Himmel,
schätzt ihr das Leben so hoch ein?
Das ist ein Pazifisten-Fimmel!
Wer möchte nicht gern Opfer sein?
Nennt sie: die süßen Schnuckerchen,
gebt ihnen Bonbons und Zuckerchen ...
Und verspürt ihr auch
in euerm Bauch
den Hitler–Dolch, tief, bis zum Heft –:
Küsst die Faschisten, küsst die Faschisten,
küsst die Faschisten, wo ihr sie trefft –!

August Kopisch
Dummheit

Wer nur der Weisheit nachgespürt,
den halt' ich noch für keinen Mann:
Doch wer die Dummheit ausstudiert,
den seh ich für was Rechtes an!
Der Weisen Tun errät man leicht:
man sieht da noch wann, wie, warum;
Bei Dummen kuckt man sich
umsonst nach allen diesen Sachen um.
Der Dummheit Weg ist wunderbar;
niemals erkennet man den Grund,
Und fänd' ihn einer richtig aus,
so tät er aller Funde Fund!
Denn Dummheit ist die größte Macht,
sie führt Heere stärkstes an;
Ich glaube, dass sie nie ein Held
bekämpfen und besiegen kann.

Christian Morgenstern
Der Hecht

Ein Hecht, vom heiligen Anton
bekehrt, beschloss, samt Frau und Sohn,
am vegetarischen Gedanken
moralisch sich emporzuranken.

Er aß seit jenem nur noch dies:
Seegras, Seerose und Seegrieß.
Doch Grieß, Gras, Rose floss,
o Graus, entsetzlich wieder hinten aus.

Der ganze Teich ward angesteckt.
Fünfhundert Fische sind verreckt.
Doch Sankt Anton, gerufen eilig,
sprach nichts als „Heilig! heilig! heilig!"

Johann Michael Moscherosch
Grabschrift

Hie lieg ich Hanß Schlickebrod
Und bitt dich lieber Herre Gott,
Das ewig Leben wollst geben mir:
Wie ich wollt haben geben dir,
Wann du wärest Hanß Schlickebrod
Und ich wär lieber Herre Gott.

Victor Blüthgen
Schlechtes Wetter

Liese, es regnet Seile;
Ich sterbe vor Langerweile.
Ich glaube, die Blasen schwimmen dort –
Jetzt regnet's vier Wochen immer so fort.
Ich sollte der liebe Gott mal sein.
Da gäb' es Regen bloß bei Nacht,
Und immer wär' es Sonnenschein,
Wenn ich im Bett wär' aufgewacht.

Heinrich Heine

Das Fräulein stand am Meere
Und seufzte lang und bang,
Es rührte sie so sehre
Der Sonnenuntergang.

„Mein Fräulein! sein Sie munter,
Das ist ein altes Stück;
Hier vorne geht sie unter
Und kehrt von hinten zurück."

Christian Morgenstern
Der Seufzer

Ein Seufzer lief Schlittschuh auf nächtlichem Eis
und träumte von Liebe und Freude.
Es war an dem Stadtwall, und schneeweiß
glänzten die Stadtwallgebäude.

Der Seufzer dacht an ein Maidelein
und blieb erglühend stehen.
Da schmolz die Eisbahn unter ihm ein –
und er sank – und ward nimmer gesehen.

Joachim Ringelnatz
Genau besehn

Wenn man das zierlichste Näschen
Von seiner liebsten Braut
Durch ein Vergrößerungsgläschen
Näher beschaut,
Dann zeigen sich haarige Berge,
Dass einem graut.

Wilhelm Busch

Sie war ein Blümlein hübsch und fein,
Hell aufgeblüht im Sonnenschein.
Er war ein junger Schmetterling,
Der selig an der Blume hing.

Oft kam ein Bienlein mit Gebrumm
Und nascht und säuselt da herum.
Oft kroch ein Käfer kribbelkrab
Am hübschen Blümlein auf und ab.

Ach Gott, wie das dem Schmetterling
So schmerzlich durch die Seele ging.

Doch was am meisten ihn entsetzt,
Das Allerschlimmste kam zuletzt.
Ein alter Esel fraß die ganze
Von ihm so heiß geliebte Pflanze.

Friedrich von Hagedorn
Susanna im Bade

Susannens Keuschheit wird von allen hoch gepriesen:
Das junge Weib, das jeder artig fand,
tat beiden Greisen Widerstand
und hat sich keinem hold erwiesen.
Ich lobe, was wir von ihr lesen:
doch räumen alle Kenner ein:
das Wunder würde größer sein,
wenn beide Buhler jung gewesen.

Wilhelm Busch

Sie hat nichts und du desgleichen;
Dennoch wollt ihr, wie ich sehe,
Zu dem Bund der heil'gen Ehe
Euch bereits die Hände reichen.

Kinder, seid ihr denn bei Sinnen?
Überlegt euch das Kapitel!
Ohne die gehör'gen Mittel
Soll man keinen Krieg beginnen.

anonym
Warum wird gefreit?

Der erste freit um die Dukaten,
der zweite um ein schön Gesicht.
Der dritte kann nicht länger warten,
der vierte, weil Mama so spricht.
Der fünfte ist nicht gern allein,
der sechste will doch auch mal frein.
Der siebente und achte sind so dumm,
die wissen selber nicht warum.

(*aus Preußen*)

anonym
Alter Mann wollt' reiten

Alter Mann wollt' reiten,
Hatte kein Pferd.
Alte Frau nahm Ziegenbock,
Setzt' den alten Mann darob,
Lässt ihn reiten.

Alter Mann wollt' reiten,
Hatte keine Peitsch'.
Alte Frau nahm Strumpfenband,
Gab es ihm in seine Hand,
Lässt ihn reiten.

Alter Mann wollt' reiten,
Hatte kein' Satt'l.
Alte Frau nahm Ziegelstein,
Klemmt ihn zwischen seine Bein',
Lässt ihn reiten.

Alter Mann wollt' reiten,
Hatte keinen Zaum.
Alte Frau nahm Hemdensaum,
Macht ihm einen Pferdezaum,
Lässt ihn reiten.

Alter Mann wollt' reiten,
Hatte keine Stiefeln.
Alte Frau nahm Eimer an,
Stülpt sie über die Beine 'ran,
Lässt ihn reiten.

Alter Mann wollt' reiten,
Hatte keine Spor'n.
Alte Frau nahm Rechenzähn,
Steckt ihm diese in die Been,
Lässt ihn reiten.

Alter Mann wollt' reiten,
Hatte keinen Rock.
Alte Frau nahm Unterrock,
Schmiss ihn über seinen Kopf,
Lässt ihn reiten.

Alter Mann wollt' reiten,
Hatte keinen Hut.
Alte Frau nahm Nachttopf,
Setzte ihn auf seinen Kopf,
Lässt ihn reiten.

Gottlieb Konrad Pfeffel
Die Maden

Ein wimmelnder Konvent von Käsemaden
Ergoss bei seinem Abendschmaus
Sich in bitterste Jeremiaden:
Man muss gestehn, so rief er aus,
Dass niemand in der Kunst zu schaden
Dem Menschen gleicht. Es ist ihm nicht genug,
Dass er sich von dem Käse nähret,
Der uns beherbergt; oft wird ohne Fug
Auch unsre ganze Brut mit aufgezehret,
Die Kannibalen! Ei ihr dürftet sie,
Sprach hier das Oberhaupt der Kolonie,
Im Grunde darum nicht beneiden;
Denn wisst, wenn sie zu Grabe gehen,
So werden wir in ihren Eingeweiden
Nach wenig Tagen auferstehn,
Und unsere Rache nicht vergessen,
Wer andre frisst, wird endlich auch gefressen.

anonym

Ick sitze hier und esse Klops,
Uff eenmal kloppt's.
Ick kieke, staune, wundre mir,
Uff eenmal jeht se uff, die Tür.
Nanu, denk ick, ick denk: nanu,
Jetzt isse uff, erst war se zu.
Ick jehe raus und blicke,
Und wer steht draußen? - Icke!

Joachim Ringelnatz
Der letzte Weg

„Ich gehe ins Wasser," sagte sie leis,
„Ade!
Du hast es gut mit mir gemeint.
So weiß ich einen, der um mich weint.
Hab Dank!"
Ich aber sah ihr tiefes Weh
Und küsste sie, die arm und krank,
Und sagte: „Geh!"

Wilhelm Busch

Meist in Wagen, die nicht federn,
Selten nur auf Gummirädern
Fährt der Mensch durch diese Welt,
Bis er in den Graben fällt.

Verzeichnis der Gedichttitel und -anfänge

Abendlied	96
Abendphantasie	105
Alle stehn um dich herum	119
Alter Mann wollt' reiten	138
Am Brunnen vor dem Tore	109
An Adolph Selmnitz	67
An das Baby	119
An einem Sommermorgen	26
An einen Freund	67
An sich	100
Anders sein und anders scheinen	123
Auf die Hände küsst die Achtung	59
Auf ein Ei geschrieben	24
Auf stöhnender Föhre fiedelt der Sturm	36
Bäume leuchtend, Bäume blendend	42
Betrachtung der Zeit	86
Bin ich auch noch so alt geworden	70
Christabend	43
Christabend war's	43
Das Alter	106
Das Alter ist ein höflich' Mann	106
Das Fräulein stand am Meere	133
Das größte Haus ist eng	83
Dein Gesang, o Nachtigall	82
Den großen, dicken Mond	7
Der erste freit um die Dukaten	137
Der erste Schnee, weich und dicht	37
Der Freund, der mir den Spiegel zeiget	55
Der Hecht	132
Der Jüngling weilt in einem Blütengarten	99
Der letzte Weg	141
Der Lindenbaum	109
Der Maulwurf hört in seinem Loch	128
Der Mond ist aufgegangen	96
Der Nebel steigt, es fällt das Laub	35
Der Revoluzzer	124
Der Seufzer	134

Der Vater zu dem Sohne spricht	120
Der weise Schopenhauer spricht	129
Dich, schöne Liebe, schöne Süße	51
Die Alten und die Jungen	107
Die Ameisen	128
Die blume die ich mir am fenster hege	65
Die Geschäftigen	95
Die große Welt	80
Die Jugendträume	99
Die Liebe	49
Die Liebe hemmet nichts	49
Die linden Lüfte sind erwacht	18
Die Maden	140
Die Nachtblume	98
Die Nachtigall	82
Die Rose	115
Die Ros ist ohn warum	82
Die Sternseherin Lise	108
Die unmögliche Tatsache	126
Die veränderlichen Triebe der menschlichen Alter	113
Die Waage gleicht der großen Welt	80
Die Zeit ist wie ein Bild von Mosaik	86
Dies ist ein ernster Tag der Buße	20
Dies ist ein Herbsttag, wie ich keinen sah	32
Dieses Baums Blatt	65
Dû bist mîn, ich bin dîn	49
Du steht	57
Dummheit	131
Ein bisschen mehr Friede	11
Ein Hecht, vom heiligen Anton bekehrt	132
Ein Ichthyosaur sich wälzte	50
Ein Nebel hat die Welt so weich zerstört	34
Ein Seufzer lief Schlittschuh auf nächtlichem Eis	134
Ein wimmelnder Konvent von Käsemaden	140
Ein Winterabend	41
Eingang	91
Erinnerung	84
Erscheint dir etwas unerhört	101
Erwirb dir viel und gib das meiste fort	78
Erziehung	120

Es gehen Menschen vor mir hin	12
Es gibt so wunderweiße Nächte	40
Es reden und träumen die Menschen viel	112
Es schneit	37
Es war, als hätt der Himmel	30
Es wetterleuchtet durch die Nacht	28
Faulheit jetzo will ich dir	129
Feldeinsamkeit	27
Frage	85
Freund in der Not	55
Freunde	55
Freundschaft (*Der Freund, der mir den Spiegel zeiget*)	55
Freundschaft (*Mirza-Schaffy kam einst*)	66
Frohe Botschaft	25
Frühlingsahnen	59
Frühlingsglaube	18
Gefunden	64
Geh fort von mir	63
Genau besehn	134
Gewitter	28
Ginkgo Biloba	65
Grabschrift	132
Guter Rat	26
Hab Sonne im Herzen	93
Herbstbild	32
Herbsttag	33
Herr: es ist Zeit	33
Heutige Welt-Kunst	123
Hie lieg ich Hanß Schlickebrod	132
Hoffnung (*Und dräut der Winter*)	16
Hoffnung (*Es reden und träumen*)	112
Hymne	51
Ich bin ein Traum	62
Ich bin so knallvergnügt erwacht	94
Ich denk' an dich	69
Ich gehe ins Wasser	141
Ich ging im Walde	64
Ich hab in guten Stunden	106
Ich liebe dich, du Seele	56
Ich ruhe still im hohen, grünen Gras	27

Ich sah des Sommers letzte Rose stehn	31
Ich sehe oft um Mitternacht	108
Ich und Du	62
Ick sitze hier und esse Klops	140
Ihr müsst mich nicht durch Widerspruch verwirren	87
Ihr müsst sie lieb und nett behandeln	130
Im Frühling	19
Im Garten sah ich frisch und schön	114
Im Garten wandelt hohe Mittagszeit	29
Im Nebel ruhet noch die Welt	32
Immer lieb war mir dieser einsame Hügel	104
Immer rascher fliegt der Funke	103
Immer wieder Fasching	14
Immer wieder, ob wir der Liebe Landschaft auch kennen	71
In der Welt fährst du am besten	78
In Hamburg lebten zwei Ameisen	128
In Krankheit	106
In ihrem Aug' glänzt nichts von Sonnenlust	58
In vollem Saus und Schwarm	14
Indem ich schweig	81
Ist Liebe lauter nichts	53
Ja, Dir wird's schwer, mich zu verlassen	68
jolifanto bambia o falli bambla	127
Karawane	127
Karfreitag	20
Kinderseele	76
Kuss	59
Lass uns mit dem Feuer spielen	61
Lebhafte Winterstraße	12
Leise sank von dunklen Schritten der Schnee	19
Lieb und Leid im leichten Leben	102
Liebe und Freundschaft	54
Liebe, weg! Du zankst dich nur	54
Liebeläutend zieht durch Kerzenhelle	42
Lieben und geliebet werden ist das höchste Vergnügen	60
Liebesantrag	61
Lied der Großindustriellen	122
Liese, es regnet Seile	133
Lob der Faulheit	129
L'Infinito	104

Mein Herz steht bis zum Hals in gelbem Erntelicht	31
Mein sind die Jahre nicht	86
Meist in Wagen, die nicht federn	141
Messkunst wird und Forscherlust	80
Mirza-Schaffy kam einst auf einer Reise	66
Mittagszauber	29
Mondnacht	30
Morgenwonne	94
Nach langem, bangem Winterschweigen	25
Nach Puppen wird das Kind sich sehnen	113
Nacht ist wie ein stilles Meer	98
Nebel	34
Nehmt hin mit Weinen oder Lachen	77
Nicht einen Hauch vergeuden sie	95
Nicht nur der Sommer	38
Nichts hat in der Welt Bestand	85
Niemals	121
Novemberlaub	36
Nur ein Hund	68
Palmström, etwas schon an Jahren	126
Pflanze auf meine Lenden	61
O Menschenherz, was ist dein Glück	85
Ohne warum	82
Oktoberlied	35
Ostern ist zwar schon vorbei	24
Osterpredigt in Reimen	22
Prähistorische Ballade	50
Rosen auf den Weg gestreut	130
Schenke groß oder klein	92
Schenken	92
Schlechtes Wetter	133
Schönheit dieser Welt vergeht	110
Schwalbenwitz	52
Schweigendes Hören, Hörendes Schweigen	81
Sei dennoch unverzagt	100
Septembermorgen	32
Sie hat nichts und du desgleichen	137
Sie war ein Blümlein hübsch und fein	135
Sieben Septillionen Jahre	115
Silvester, Silvester	44

Silvesternacht	45
Sommer	31
Sommerbild	31
Spruch, Widerspruch	87
Stammbuch	76
Susanna im Bade	136
Susannens Keuschheit wird von allen hoch gepriesen	136
Überlass es der Zeit	101
Umsonst	103
Und dräut der Winter noch so sehr	16
Und nun, wenn alle Uhren schlagen	45
Unverständlich sind uns die Jungen	107
Verehrter Mitmensch, höre und vernimm	22
Vom Eise befreit sind Strom und Bäche	20
Vom Guten zum Bösen ist kein Sprung	81
Vor Kälte ist die Luft erstarrt	13
Vor seiner Hütte ruhig im Schatten sitzt	105
Wahrlich, wahrlich, ich sage euch	52
Warum ich Welt und Menschheit nicht verfluche	75
Warum wird gefreit?	137
War einmal ein Revoluzzer	124
Was dir der Himmel schickt	77
Was du erwirbst an Geist und Gut	78
Was eine Kinderseele	76
Was ist die Welt?	111
Was ist die Welt? Ein ewiges Gedicht	111
Was ist Vergnüglichers im ganzen Rund der Erden	60
Was passt, das muss sich rŭnden	67
Weihnachten	42
Weil du mich, Freund, beschenkst mit dir	67
Wenn der Fasching kommt	14
Wenn der Schnee ans Fenster fällt	41
Wenn man das zierlichste Näschen	134
Wer du auch seist	91
Wer je gelebt in Liebesarmen	71
Wer nur der Weisheit nachgespürt	131
Werde, was du noch nicht bist	76
Will das Glück nach seinem Sinn	11
Will eine Blume sich erneuen	79
Willst du immer weiter schweifen	84

Winterfreuden 38
Winternacht 13
Wir im Welteninnen 61
Wir lieben dieses Vaterland 122
Wir träumten voneinander 62
Wohlig merken unsre Sinne 59
Wollte nicht der Frühling kommen? 17
Wonach du sehnlich ausgeschaut 121
Wünsche zum neuen Jahr 11
Wunder 57
Zu Neujahr 11
Zur Physiognomik 129

Die Schreibweisen sind behutsam der neuen deutschen Rechtschreibung angepasst.

Die Dichter und Übersetzer

Abschatz, Hans Aßmann Freiherr von (1646-1699): Der schlesische Adelige studierte Jura, unternahm Bildungsreisen und verwaltete seine Güter, schrieb nebenher formgewandt-schlichte Liebesgedichte und übersetzte aus dem Italienischen. (S. 14)

Allmers, Hermann (1821-1902): Ein Heimat- und Marschendichter, der auf seinem Künstlerhof bei Bremen lebte, mit volkstümlichen Liedern und Balladen erfolgreicher war als mit Epik und Dramen. (S. 27)

Angelus Silesius (1624-1677): Pseudonym von Johann Scheffler, ein Arzt und Priester, der Haupt der Gegenreformation in Schlesien wurde. Mit bekannten Kirchenliedern und der Spruchsammlung *Der Cherubinische Wandersmann* markiert er den Gipfel der mystischen deutschen Barockdichtung. (S. 82)

Ball, Hugo (1886-1927): Der wandlungsfähige Lyriker, Dramatiker, Erzähler, Essayist, Dramaturg, Journalist und Kabarettist stammte aus Pirmasens/Pfalz, wirkte als Mitbegründer des Dadaismus in Zürich und starb im Tessin. (S. 127)

Baudelaire, Charles (1821-1867): Mit *Die Blumen des Bösen* veröffentlichte der skandalumwitterte Pariser Schriftsteller und Bohemien einen der wirkungsreichsten Gedichtzyklen überhaupt, wurde Wegbereiter moderner Bewegungen wie Symbolismus und Dekadance. (S. 51)

Bierbaum, Otto Julius (1865-1910): Der vielseitige ostdeutsche Schriftsteller nahm an den unterschiedlichen literarischen Strömungen seiner Zeit teil, verfasste neben Gedichten Theaterstücke, Künstlerbiographien und Reiseberichte. (S. 22)

Blüthgen, Victor (1844-1920): Schriftsteller und Zeitungsredakteur, der besonders durch Erzählungen und Gedichte für Kinder sowie Verse zu Bilderbüchern bekannt wurde. (S. 133)

Blumenthal, Oscar (1852-1917): Der Berliner Zeitungsredakteur, seinerzeit viel gespielte Komödiendichter und scharfe Epigrammatiker hat auch Schachaufgaben kreiert. (S. 129)

Bodenstedt, Friedrich von (1819-1892): Ein Experte für östliche Sprachen war der Journalist und Professor, hatte als formgewandter Dichter großen Erfolg mit den *Liedern des Mirza Schaffy* im orientalischen Stil. (S. 66, 77)

Brentano, Clemens (1778-1842): Der für Klangzauber und Volksliedton prädestinierte Lyriker und Märchendichter gehörte der deutschen Romantik an, gab mit Achim v. Arnim die berühmte Sammlung *Des Knaben Wunderhorn* heraus. (S. 102)

Browning, Elizabeth Barrett (1806-1861): Die englische Dichterin lebte nach schwerer Jugend in Italien, erlangte mit dem Zyklus *Sonette aus dem Portugiesischen* (keine Übersetzungen!) bleibenden Ruhm. (S. 63)

Busch, Wilhelm (1832-1908): Der nahe Hannover geborene Autor schrieb nicht nur weltbekannte Bildergeschichten (*Max und Moritz*), sondern hat auch humorige, oft sarkastische Gedichte für Erwachsene verfasst und sich als Maler betätigt. (S. 11, 121, 135, 137, 141)

Celander (um 1700): Unter diesem bis heute ungeklärten Pseudonym erschienen um 1716 Sammlungen „galanter" Gedichte, was erotisch-deftig-direkte meint, sowie 1709 der Roman *Der verliebte Studente*. (S. 60)

Claudius, Matthias (1740-1815): Auf ebenso eindringliche wie einfache Verse verstand sich der norddeutsche Schriftsteller, der den christlich-volkstümlichen *Wandsbecker Boten* herausgab. (S. 49, 96, 108)

Czepko von Reigersfeld, Daniel (1605-1660): Bis zu Kaiserlichem Rat und Adelung brachte es der Dichter auf zeittypisch wechselvollen Lebenswegen. Aus seiner mannigfaltigen Lyrik ragen die mystisch orientierten Epigramme heraus. (S. 81)

Dehmel, Richard (1863-1920): Der brandenburgische Schriftsteller lehnte die klassisch-romantische Tradition ab. Mit seinen tiefschürfende Geistigkeit und sinnlichen Hedonismus verbindenden Gedichten erreichte er seinerzeit große Wirkung. (S. 68)

Eichendorff, Joseph Freiherr von (1788-1857): Der verarmte oberschlesische Adelige wurde als preußischer Beamter einer der bekanntesten Dichter der Romantik, die in seiner volkstümlich-melodiösen Lyrik einen Gipfel fand; er schrieb auch Dramen und Novellen (*Aus dem Leben eines Taugenichts*). (S. 30, 98)

Eichrodt, Ludwig (1827-1892): Der schwäbische Richter und humoristische Dichter begründete mit der Figur des Schullehrers Gottlieb Biedermaier die gleichnamige Epochenbezeichnung. (S. 38)

Falke, Gustav (1853-1916): Der norddeutsche Schriftsteller hatte als Klavierlehrer seine Lebensgrundlage, kultivierte Beschaulichkeit und Schlichtheit in Gedichten, Epik und Kinderbüchern. (S. 37)

Flaischlen, Cäsar (1864-1920): Mit schwäbischen Dialektgedichten begann dieser Poet seine Laufbahn, schrieb dann Romane und Theaterstücke und wandelte sich vom Naturalisten zum impressionistischen Idylliker. (S. 93)

Fleming, Paul (1609-1640): Der vielfältigste, persönlichste und erlebnishafteste der deutschen Barocklyriker besuchte Russland und Persien, wollte sich vor seinem plötzlichen Tod als Arzt niederlassen. (S. 100)

Fontane, Theodor (1819-1898): Immer mehr zum Schriftsteller entwickelte sich der Berliner Apotheker, erlangte Ruhm mit Reisebeschreibungen und Gesellschaftsromanen, fand mit seinen Balladen und Gedankengedichten zu Lebzeiten weniger Anklang.
(S. 26, 101, 103, 107)

Geibel, Emanuel (1815-1884): Der Lübecker Dozent war Spätromantiker und Klassizist, erzielte Breitenwirkung durch formschöne, wohllautende Gedichte und volkstümliche Lieder. (S. 16, 25, 29, 86, 128)

Gellert, Christian Fürchtegott (1715-1769): Der Leipziger Professor galt als moralische Instanz, setzte auf Erbaulichkeit und Rührung, wurde vor allem durch seine Fabeln einer der populärsten Schriftsteller seiner Zeit. (S. 55, 106)

George, Stefan (1868-1933): Ein Symbolist, Ästhetizist und Klassizist, dessen eigenwillige, aristokratische Dichtung und Lebensart ihn Breitenwirkung verschmähen und schier kultisches Oberhaupt des elitären, einflussreichen George-Kreises sein ließ. (S. 65)

Gleim, Johann Wilhelm Ludwig (1719-1803): Eine zentrale Dichtergestalt der deutschen Aufklärung aus Halberstadt, machte sich mit Wein-, Liebes- und Kriegsliedern sowie politischen Gedichten und Fabeln einen Namen. (S. 54)

Goethe, Johann Wolfgang von (1749-1832): Der weltweit bekannteste deutsche Dichter kam aus Frankfurt/Main; durch eine Stellung im Staatsdienst von Sachsen-Weimar gesichert, betätigte er sich auf allen Gebieten der Literatur, aber auch in Malerei und Naturwissenschaft.
(S. 20, 42, 64, 65, 84, 87, 106)

Grillparzer, Franz (1791-1872): Der Wiener Schriftsteller, im Finanzministerium angestellt, gilt als Inbegriff melancholischen Grantelns. Neben Theaterstücken schuf er Erzählungen und sarkastische Epigramme. (S. 59, 76)

Grün, Anastasius (1806-1876): Pseudonym von Anton Alexander Graf Auersperg, ein österreichischer Adeliger und Gutsbesitzer, der als politischer Lyriker zum Wortführer und Vorbild der 1848er Revolution wurde. (S. 78)

Gryphius, Andreas (1616-1664): Der bedeutendste deutschsprachige Dichter des Barock lebte in Schlesien, schrieb, von den Schrecken des Dreißigjährigen Krieges geprägt, neben formvollendeter, düsterer Lyrik auch Trauer- und Lustspiele. (S. 86)

Hagedorn, Friedrich von (1708-1754): Der Hamburger Fabeldichter und Lyriker pflegte die kleinen Formen, brach als Erster mit dem Barockstil, indem er sprachliche Schlichtheit und Anmut bevorzugte. (S. 136)

Hebbel, Friedrich (1813-1863): Als großer Tragiker gilt der Maurersohn aus Dithmarschen, der die Spannung von Idealismus und Determinismus thematisierte; lesenswert sind außer seiner Lyrik auch die selbstkritischen Tagebücher. (S. 31, 32, 62)

Hebel, Johann Peter (1769-1826): Der in Basel gebürtige Schriftsteller, Geistliche und Lehrer wirkte bahnbrechend nicht nur für seine alemannische, sondern die Mundartdichtung überhaupt. (S. 114)

Heine, Heinrich (1797-1856): Einer der herausragendsten deutschsprachigen Lyriker in seiner Verbindung von Gefühlstiefe, sozialem Engagement und Humor. Ab 1835 in Deutschland verboten, ging er ins Exil nach Paris, wo er auch starb. (S. 133)

Henckell, Karl (1864-1929): Der pathetisch-anklägerische lyrische Vorkämpfer für Sozialrevolution und Naturalismus fand im Lauf seines Lebens zu schlichteren, impressionistischen Natur- und Liebesgedichten. (S. 28)

Herwegh, Georg (1817-1875): Der politische Lyriker aus Baden floh vor dem Militärdienst in die Schweiz; veröffentlichte 1841 sein bekanntestes Werk *Lieder eines Lebendigen*. Er wurde wegen seiner Teilnahme an der Revolution von 1848 verfolgt und später amnestiert. (S. 95)

Heyse, Paul (1830-1914): Ein ebenso fruchtbarer wie epigonaler Literat, der 1910 vor allem wegen seiner Novellen als erster deutschsprachiger Autor den Nobelpreis erhielt. (S. 55)

Hoffmann von Fallersleben, August Heinrich (1798-1874): Der Literaturprofessor und Bibliothekar war ein sehr lyrischer Vielschreiber mit liedhaften und politischen Gedichten sowie Kinderliedern, von denen viele volkstümlich geworden sind. Von ihm stammt der Text der deutschen Nationalhymne. (S. 76, 79, 85)

Hofmannsthal, Hugo von (1874-1929): Der schon als dichtendes Wunderkind hervorgetretene Österreicher gilt als Inbegriff verfeinerter Wortkunst. Neben Lyrik, Essays und Erzählungen tragen Opernlibretti zu seinem Nachruhm bei. (S. 111)

Hölderlin, Friedrich (1770-1843): Der schwäbische Dichter mit seiner einzigartigen Sprachintensität und -rhythmik suchte die Synthese aus philosophischem Idealismus, politischer Revolution und antikem Griechentum; er schrieb auch nach seiner geistigen Zerrüttung ab 1806 Gedichte. (S. 105)

Holz, Arno (1863-1929): Der richtungsweisende Dramatiker und Theoretiker des Naturalismus wirkte auch in der Lyrik innovativ, wofür seine Zyklen *Phantasus* und *Daphnis* einstehen. (S. 115)

Kalckreuth, Wolf von (1887- 1906): Sohn eines Kunstmalers und hochbegabt, nahm sich am Morgen seines Kriegsdienst-Antritts das Leben. Bis heute bekannt sind seine Übersetzungen von Baudelaire und Verlaine. (S. 51)

Kästner, Abraham Gotthelf (1719-1800): Der Dozent für Physik und Mathematik war ein einflussreicher Schriftsteller der Aufklärung, der sachlich-abhandelnde Gedichte wie auch angriffslustige Aphorismen und Epigramme verfasste. (S. 113)

Kerner, Justinus (1786-1862): Der gefühlsbetonte, spätromantische Lyriker war Mittelpunkt der schwäbischen Dichterschule, arbeitete weiterhin praktisch und forschend in der Medizin. (S. 70)

Klabund (1890-1928): Pseudonym des Schriftstellers und Übersetzers Alfred Henschke, das er als Kreuzung von Klabautermann und Vagabund erklärte. Tuberkulose trieb ihn zu rastlosem Schaffen, er erregte moralische und politische Skandale. (S. 61)

Kopisch, August (1799-1853): Der volkstümliche Liederdichter, Novellist und Maler hat die Blaue Grotte bei Capri mitentdeckt und war im preußischen Staatsdienst tätig. (S. 131)

Lenau, Nikolaus (1802-1850): Wurde in Ungarn als Nikolaus Franz Niembsch, Edler von Strehlenau geboren. Die melancholische Ader, die seine Dichtung unverkennbar prägt, trieb ihn in die Geisteskrankheit. (S. 13, 85, 99)

Leopardi, Giacomo (1798-1837): Der zeitlebens körperlich und seelisch kranke Spross aus italienischem Adel ergoss seinen melancholischen Weltschmerz in Lyrik von höchstem Rang. (S. 104)

Lessing, Gotthold Ephraim (1729-1782): Für die Ideale von Humanität und Toleranz steht der wichtige deutsche Aufklärer und Klassiker; neben seinen viel rezipierten Dramen überrascht er mit pointiert-humorvollen Gedichten. (S. 80, 129)

Lichtenstein, Alfred (1889-1914): Promovierter Jurist war der expressionistische Lyriker und Erzähler aus Berlin, hatte Sinnlosigkeit und Bedrohung grotesk und schwarzhumorig thematisiert, bevor ihn der 1. Weltkrieg dahinmetzelte. (S. 34)

Logau, Friedrich von (1604-1655): Der in den Wirren des Dreißigjährigen Krieges durch Höhen und Tiefen gewirbelte schlesische Altadelige wurde durch seinen satirischen Witz zum bedeutendsten deutschen Spruchdichter seines Jahrhunderts. (S. 67, 123)

Luther, Martin (1483-1546): Trat als Mönch die Reformation los, übersetzte die Bibel und hinterließ ein unüberschaubares schriftliches Werk, das auch Gedichte enthält. (S. 83)

Morgenstern, Christian (1871-1914): Schriftsteller, Journalist, Übersetzer und Anreger experimenteller Poesie. Aus seiner vielschichtigen Lyrik sind bis heute die grotesk-phantastischen Verse der Sammlung *Galgenlieder* berühmt. (S. 56, 80, 126, 132, 134)

Mörike, Eduard (1804-1875): Der früh pensionierte schwäbische Pfarrer lebte meist zurückgezogen, pflegte in Lyrik und Epik seinen unverkennbaren Ton zwischen Romantik und Biedermeier. (S. 24, 32)

Moscherosch, Johann Michael (1601-1669): Ein im Elsass aufgewachsener barocker Erzähler und Satiriker, dessen Werk und Leben als höherer Beamter der Dreißigjährige Krieg prägte. (S. 132)

Mühsam, Erich (1878-1934): Anarchistischer Schriftsteller und Aktivist aus Lübeck, der als Dramatiker, Lyriker und Essayist im Expressionismus wurzelte. 1919 war er führend an der bayerischen Räterepublik beteiligt, wurde in einem Nazi-Konzentrationslager ermordet. (S. 17, 75, 120, 124)

Müller, Wilhelm (1794-1827): Der vielseitige Schriftsteller der deutschen Romantik stammte aus Dessau; er schrieb einige volkstümlich gewordene Lieder, z.B. *Das Wandern ist des Müllers Lust*. (S. 82, 109)

Novalis (1772-1801): Pseudonym für Friedrich von Hardenberg, die wohl schillerndste Gestalt der deutschen Romantik. Er kreierte ihr Symbol, die Blaue Blume, sein weit in Epik, Lyrik und Philosophie ausholendes Werk blieb fragmentarisch. (S. 67)

Opitz, Martin (1597-1639): Seinerzeit hoch geehrt starb er während des Dreißigjährigen Krieges an der Pest. Weniger durch eigene Poesie und Übersetzungen als durch sein theoretisches *Buch von der deutschen Poeterey* wurde er maßgeblich für spätere Dichtergenerationen. (S. 53, 110)

Petrarca, Francesco (1304-1374): Durch seinen für Jahrhunderte stilbildenden Sonettzyklus *Canzoniere* an seine lebenslange Liebe Laura und als Begründer des Humanismus ist der Italiener einer der einflussreichsten Geister der abendländischen Kultur. (S. 53)

Pfeffel, Gottlieb Konrad (1736-1809): Der ab dem 21. Lebensjahr erblindete Aufklärer und Pädagoge lebte in Colmar/Elsass; als Fabeldichter berühmt schrieb er auch Erzählungen, Dramen und Gedichte. (S. 140)

Retep, Hans (*1956): Der Name ist wahrscheinlich ein Pseudonym. Ein Dichter bei www.gedichte-fuer-alle-faelle.de, der vor allem Gebrauchsgedichte schreibt. (S. 44)

Rilke, Rainer Maria (1875-1926): In Prag aufgewachsen, einer der weltweit bekanntesten deutschen Dichter des 20. Jahrhunderts; er schrieb auch französische Gedichte, hinterließ herausragende Übersetzungen, traf zudem als Erzähler einen unverkennbaren Ton.
(S. 33, 40, 63, 71, 91, 104)

Ringelnatz, Joachim (1883-1924): Pseudonym von Hans Bötticher, der als reisender Dichter und Kabarettist bekannt wurde und es durch seinen skurrilen Humor bis heute geblieben ist. (S. 12, 14, 42, 78, 92, 94, 128, 134, 141)

Robinson, Terese (1873-1933?): Pseudonym für Karin Delmar, zu der kaum sichere Daten zu finden sind. Ihre Baudelaire-Übertragungen erschienen 1925, die der Shakespeare-Sonette 1927. Sie wurde von den Nazis verschleppt und blieb verschollen. (S. 58)

Rückert, Friedrich (1788-1866): Spätromantisch-biedermeierlicher Dichter und Professor für orientalische Sprachen; neben seinem immensen und virtuosen lyrischen Werk stehen bahnbrechende Übersetzungen aus dem Koran sowie orientalischer Gedichte. (S. 69, 77, 81)

Salus, Hugo (1866-1929): Der renommierte Frauenarzt schrieb seinerzeit erfolgreich in Manier der Neuromantik, nahm in der deutschsprachigen Prager Literaturszene eine wichtige Rolle ein. (S. 43)

Schiller, Friedrich (1769-1805): Der leidenschaftliche Idealist und Klassiker des deutschen Dramas hatte ein von Unrast und Krankheit geprägtes Leben; als Lyriker schuf er vor allem Balladen, Gedankengedichte und Epigramme. (S. 112)

Shakespeare, William (1564-1616): Seine Sprachkraft, Gestaltungs- und Charakterisierungskunst markieren einen Gipfel der dramatischen Weltliteratur. Die Rätsel um seine Biographie wurzeln nicht zuletzt in seinem ebenso hochbedeutsamen Sonettzyklus. (S. 58)

Stadler, Ernst (1883-1914): Stammte aus Colmar im Elsass, schlug eine literarisch-akademische Laufbahn ein und schrieb frühexpressionistische Verse mit neuartiger Rhythmik, bevor der 1. Weltkrieg dem ein Ende setzte. (S. 31)

Storm, Theodor (1817-1888): Der Dichter und Richter aus Husum in Schleswig-Holstein ist besonders durch seine Novellen (z.B. *Der Schimmelreiter*) bis heute ein Begriff. (S. 35, 71)

Stramm, August (1874-1915): Der Beamte und promovierte Nationalökonom war gleichzeitig einer der wesentlichen Vertreter experimenteller Lyrik und Dramatik des Expressionismus; kam im 1. Weltkrieg um. (S. 57)

Thoma, Ludwig (1867-1921): Weniger bekannt als Lyriker denn mit seinen Lausbubengeschichten ist der bayerische Schriftsteller, der sowohl gemütlich erzählen als auch scharf kritisieren konnte. (S. 45, 59, 122)

Trakl, Georg (1887-1914): In Salzburg aufgewachsen und zu bürgerlicher Existenz unfähig, umkreiste er in unvergleichlicher Musikalität und Tiefe die Thematik von Verfall und Dämmerung. Der 1. Weltkrieg trieb ihn in den Tod, als seine Lyrik Anerkennung zu finden begann. (S. 19, 41)

Tucholsky, Kurt (1890-1935): Der bekannteste Dichter-Journalist der Weimarer Republik. Seine Werke wurden von den Nazis verboten, er nahm sich im schwedischen Exil das Leben. (S. 20, 119, 130)

Uhland, Ludwig (1787-1862): Der Repräsentant der schwäbischen Spätromantik ist vor allem durch Lieder und Balladen bekannt. Als Literaturprofessor begründete er die Germanistik mit, erforschte volkstümliche und mittelalterliche Dichtung. (S. 18)

Vischer, Friedrich Theodor (1807-1887): Ein Literaturprofessor und streitbarer Publizist, der als Dichter das Humorvolle, Groteske und die Parodie pflegte. (S. 50)

Wedekind, Frank (1864-1918): Der Bürgerschreck und Bohemien, der wegen Majestätsbeleidigung in Festungshaft saß, agierte vor allem als Dramatiker und Kabarettist; seine Lyrik konzentriert sich auf die Schattierungen der Erotik. (S. 61)

Wille, Bruno (1860-1928): Ein literarisch und philosophisch ebenso wie politisch und religiös engagierter Überwinder und Neuerer zwischen Naturalismus und Expressionismus. (S. 36)

Die Herausgeber

Kraus, Hans-Peter (* 1965): Geboren in Herne. Nach Volkswirtschaftslehrestudium in Münster nun in Essen als Webdesigner tätig. Hat bisher vor allem Haiku, Gedankenlyrik und Kurzgeschichten veröffentlicht. (Titelgedicht)

Schmitt, Werner (* 1964): Bei Pirmasens/Pfalz aufgewachsen, in Trier Germanistik- und Philosophiestudium und wohnhaft. Selber seltener dichterisch, verhilft er bedeutenderen Kollegen ins Web (z.B. www.lyrik-lesezeichen.de) und aufs Blatt. (S. 62)

Gedichteverzeichnis

ES MUSS DOCH FRÜHLING WERDEN
Unbekannt · Wünsche zum neuen Jahr 11
Wilhelm Busch · Zu Neujahr 11
Joachim Ringelnatz · Lebhafte Winterstraße 12
Nikolaus Lenau · Winternacht 13
Hans Aßmann von Abschatz · *In vollem Saus* 14
Joachim Ringelnatz · Immer wieder Fasching 14
Emanuel Geibel · Hoffnung 16
Erich Mühsam · Wollte nicht der Frühling kommen 17
Ludwig Uhland · Frühlingsglaube 18
Georg Trakl · Im Frühling 19
Kurt Tucholsky · Karfreitag 20
Johann Wolfgang von Goethe · *Vom Eise befreit* 20
Otto Julius Bierbaum · Osterpredigt in Reimen 22
Eduard Mörike · Auf ein Ei geschrieben 24
Emanuel Geibel · Frohe Botschaft 25
Theodor Fontane · Guter Rat 26
Hermann Allmers · Feldeinsamkeit 27
Karl Henckell · Gewitter 28
Emanuel Geibel · Mittagszauber 29
Joseph von Eichendorff · Mondnacht 30
Ernst Stadler · Sommer 31
Friedrich Hebbel · Sommerbild 31
Eduard Mörike · Septembermorgen 32
Friedrich Hebbel · Herbstbild 32
Rainer Maria Rilke · Herbsttag 33
Alfred Lichtenstein · Nebel 34
Theodor Storm · Oktoberlied 35
Bruno Wille · Novemberlaub 36
Gustav Falke · Es schneit 37
Ludwig Eichrodt · Winterfreuden 38
Rainer Maria Rilke · *Es gibt so wunderweiße Nächte* 40
Georg Trakl · Ein Winterabend 41
Johann Wolfgang von Goethe · Weihnachten 42
Joachim Ringelnatz · Weihnachten 42
Hugo Salus · Christabend 43

Hans Retep · Silvester, Silvester...44
Ludwig Thoma · Silvesternacht 45

ICH RUH' IN DIR
Matthias Claudius · Die Liebe...49
anonym · *Dû bist mîn* 49
Friedrich Theodor Vischer · Prähistorische Ballade 50
Charles Baudelaire · Hymne..51
Clemens Brentano · Schwalbenwitz..52
Francesco Petrarca · *Ist Liebe lauter nichts* 53
Johann Wilhelm Ludwig Gleim · Liebe und Freundschaft 54
Christian Fürchtegott Gellert · Freundschaft............................55
Paul Heyse · Freunde...55
Christian Morgenstern · *Ich liebe dich, du Seele* 56
August Stramm · Wunder..57
William Shakespeare · *In ihrem Aug' glänzt nichts* 58
Franz Grillparzer · Kuss...59
Ludwig Thoma · Frühlingsahnen..59
Celander · Lieben und geliebet werden ist das höchste Vergnügen........60
Frank Wedekind · Liebesantrag..61
Klabund · Wir im Welteninnen...61
Friedrich Hebbel · Ich und Du 62
Werner Schmitt · *Ich bin ein Traum* 62
Elizabeth Barrett Browning · *Geh fort von mir* 63
Johann Wolfgang von Goethe · Gefunden................................64
Stefan George · *Die blume die ich mir am fenster* 65
Johann Wolfgang von Goethe · Ginkgo Biloba 65
Friedrich von Bodenstedt · Freundschaft..................................67
Novalis · An Adolph Selmnitz...68
Friedrich von Logau · An einen Freund 68
Richard Dehmel · Nur ein Hund 69
Friedrich Rückert · *Ich denk' an dich*..70
Justinus Kerner · *Bin ich auch noch so alt* 71
Theodor Storm · Wer je gelebt in Liebesarmen 72
Rainer Maria Rilke · *Immer wieder*..72

DIE WAAGE GLEICHT DER GROSSEN WELT
Erich Mühsam · Warum ich Welt und Menschheit nicht verfluche 76
August Heinrich Hoffmann von Fallersleben · Kinderseele....77
Franz Grillparzer · Stammbuch...77

Friedrich von Bodenstedt · *Nehmt hin mit Weinen oder Lachen* 78
Friedrich Rückert · *Was dir der Himmel schickt* 78
Joachim Ringelnatz · Was du erwirbst an Geist und Gut........................79
Anastasius Grün · *In der Welt fährst du am besten* 79
August Heinrich Hoffmann von Fallersleben · *Will eine Blume sich
   erneuen* 80
Christian Morgenstern · *Messkunst wird und Forscherlust* 81
Gotthold Ephraim Lessing · Die große Welt...81
Friedrich Rückert · *Vom Guten zum Bösen*...82
Daniel Czepko von Reigersfeld ·
   Schweigendes Hören, Hörendes Schweigen 82
Wilhelm Müller · Die Nachtigall..83
Angelus Silesius · Ohne warum..83
Martin Luther · *Das größte Haus wird eng*...84
Johann Wolfgang von Goethe · Erinnerung..85
August Heinrich Hoffmann von Fallersleben · *Nichts hat in der Welt
   Bestand* 86
Nikolaus Lenau · Frage 86
Andreas Gryphius · Betrachtung der Zeit...87
Emanuel Geibel · *Die Zeit ist wie ein Bild*...87
Johann Wolfgang von Goethe · Spruch, Widerspruch..........................88

IMMER RASCHER FLIEGT DER FUNKE
Rainer Maria Rilke · Eingang 92
Joachim Ringelnatz · Schenken 93
Cäsar Flaischlen · *Hab Sonne im Herzen* 94
Joachim Ringelnatz · Morgenwonne...95
Georg Herwegh · Die Geschäftigen...96
Matthias Claudius · Abendlied 97
Joseph von Eichendorff · Die Nachtblume...99
Nikolaus Lenau · Die Jugendträume.. 100
Paul Fleming · An sich 101
Theodor Fontane · Überlass es der Zeit 102
Clemens Brentano · *Lieb und Leid im leichten Leben* 103
Theodor Fontane · Umsonst 104
Giacomo Leopardi · L´Infinito.. 105
Friedrich Hölderlin · Abendphantasie... 106
Christian Fürchtegott Gellert · In Krankheit....................................... 107
Johann Wolfgang von Goethe · Das Alter.. 107
Theodor Fontane · Die Alten und die Jungen...................................... 108

Matthias Claudius · Die Sternseherin Lise 109
Wilhelm Müller · Der Lindenbaum 110
Martin Opitz · Schönheit dieser Welt vergehet 111
Hugo von Hofmannsthal · Was ist die Welt? 112
Friedrich Schiller · Hoffnung 113
Abraham Gotthelf Kästner · Die veränderlichen Triebe der
    menschlichen Alter 114
Johann Peter Hebel · Die Rose 115
Arno Holz · *Sieben Septillionen Jahre* 116

EIN SEUFZER LIEF SCHLITTSCHUH AUF NÄCHTLICHEM EIS
Kurt Tucholsky · An das Baby 120
Erich Mühsam · Erziehung 121
Wilhelm Busch · Niemals 122
Ludwig Thoma · Lied der Großindustriellen 123
Friedrich von Logau · Heutige Welt–Kunst 124
Erich Mühsam · Der Revoluzzer 125
Christian Morgenstern · Die unmögliche Tatsache 127
Hugo Ball · Karawane 128
Emanuel Geibel · *Der Maulwurf hört in seinem Loch* 129
Joachim Ringelnatz · Die Ameisen 129
Gotthold Ephraim Lessing · Lob der Faulheit 130
Oscar Blumenthal · Zur Physiognomik 130
Kurt Tucholsky · Rosen auf den Weg gestreut 131
August Kopisch · Dummheit 132
Christian Morgenstern · Der Hecht 133
Johann Michael Moscherosch · Grabschrift 133
Victor Blüthgen · Schlechtes Wetter 135
Heinrich Heine · *Das Fräulein stand am Meere* 135
Christian Morgenstern · Der Seufzer 136
Joachim Ringelnatz · Genau besehn 136
Wilhelm Busch · *Sie war ein Blümlein hübsch* 137
Friedrich von Hagedorn · Susanna im Bade 138
Wilhelm Busch · *Sie hat nichts und du desgleichen* 139
anonym · Warum wird gefreit? 139
anonym · Alter Mann wollt' reiten 140
Gottlieb Konrad Pfeffel · Die Maden 142
anonym · *Ick sitze hier und esse Klops* 142
Joachim Ringelnatz · Der letzte Weg 143
Wilhelm Busch · *Meist in Wagen, die nicht federn* 143